Paul Henri Mallet
ou historien
Sur un lieu du prince de Danemark
1730 - 1802

# QUELLE EST L'INFLUENCE
## DE
# LA PHILOSOPHIE
## SUR
# LES BELLES LETTRES?

## DISCOURS INAUGURAL
PRONONCÉ A CASSEL LE 8 AVRIL 1772.

*par*

## M. MALLET
*Profeſſeur en Hiſtoire et Belles Lettres - Françaiſes.*

*Definit in piſcem mulier formoſa.*
Hor. Ars Poët.

à CASSEL
chez JEAN ALBERT BARMEIER,
ET
SE DÉBITE
à FRANCFORT chez VARRENTRAPP *Libraire*, et
à GENÈVE chez SAMUEL CAILLER *Libraire à la Cité.*

# QUELLE EST L'INFLUENCE
## DE
## LA PHILOSOPHIE
### SUR
## LES BELLES LETTRES.

**MESSIEURS,**

Au moment où l'auguste protecteur de ce Lycée daigna m'en ouvrir le Sanctuaire, & me juger digne d'y servir les lettres, je ne me rappellai point sans émotion que ma patrie avait fait entendre autre fois à son ame jeune encore les vé-

rités

rités & les vertus ; que si l'illustre sang dont il sort avait animé en lui le germe d'un cœur vaste & d'un esprit heureux, mes compatriotes l'avaient peut être developé, qu'une République avait été l'école d'un Prince, & que j'allais consacrer mes efforts à ce même Landgrave de Hesse que Genève avait vû dès l'enfance oublier les droits de sa dignité pour en étudier les devoirs, & le plaisir de commander aux hommes pour celui de s'en faire aimer.

Ce rapport intéressant du séjour qui prépara un Prince devenu le bienfaiteur des Sciences à un Genevois destiné par lui à l'éducation publique m'attendrit, & il me sembla que si la Hesse avait dit aux instituteurs de son maître donnez nous un pére, il me disait, élevez moi des sujets utiles.

Sous la Régence d'un élève des Muses, ce temple que leur erigea un de ses ancêtres s'est relevé ; ses mains heureuses donneront à cette Académie un degré de cette perfection dont tous les établissemens humains sont susceptibles, & si je n'ai pas la gloire d'y d'y contribuer, j'aurai eu celle d'y concourir, & la confolation de l'admirer.

En m'affociant à vos travaux, Monfeigneur le Landgrave m'a tracé une grande étendue de devoirs; & je ne fai qui je doi refpecter le plus ou ceux qui m'en donnent l'exemple, ou celui qui m'appelle à en profiter.

Il n'a point prétendu recompenfer le mérite mais m'en donner; en laiffant tomber fur moi un rayon de la gloire que les arts qu'il invite lui affure, il prépare à mes faibles fervices un luftre qu'ils n'euffent point acquis, il encourage mon émulation par le genre de mes effais.

Etre choifi pour former des hommes par un Souverain qui eft toujours homme, n'a que des Citoyens pour fujets, & des enfans pour Citoyens, écrit comme il penfe, & penfe comme Titus, c'eft être recommandé à la voix publique beaucoup mieux que par ces

ces titres si vains & si prodigués, par le suffrage si téméraire & si inconstant de la renommée, & par les aplaudissemens aussi brigués que rarement obtenus de la gloire littéraire qui excite toujours l'envie, & ne la désarme jamais.

Si à ce titre puissant j'en cherchais un autre, je vous présenterais le souvenir d'un homme célébre qui a préparé à vos Historiens des annales; Philosophe par ce qu'il est profond, exact sans sécheresse, & toujours éloquent par ce qu'il est toujours simple : je lui doi beaucoup, & lui devrai bien d'avantage si les tributs que vous offrez sans doute à ses travaux peuvent excuser l'imperfection des miens, & m'obtenir votre indulgence.

Il en faut, MESSIEURS, dans la marche laborieuse & utile de l'éducation. N'est-il pas à craindre que sans vos secours je perde le fil de ce Dédale dont la maturité du génie connait seul les issues, où l'instituteur une fois égaré égare ses disciples, & ne

leur

leur permet de se retrouver que lorsqu'uil n'est plus tems.

Connaitre le naturel le modifier ou le suivre, essayer l'ame de la jeunesse avant de la former, distinguer d'abord les dispositions d'un goût sûr des fantaisies d'un esprit faux, un penchant solide de ces premiers feux aussi vite eteints qu'allumés, ne présenter aux facultés des disciples que le choix de leur cœur, le diriger sans le forcer, developer la nature sans en hâter les fruits, interesser l'attention pour l'obtenir, flatter le goût pour le soutenir, se mettre à la place de la jeunesse, lui donner un ami, & non un tyran, corriger ses caprices sans revolter l'amour propre, opposer la douceur à sa résistance, ne point céder par lassitude mais par raison, plier l'ame sans briser son ressort, debarasser les fruits de l'étude des épines des regles qui en éloignent le jeune homme dès qu' il a vû couler son sang, arrêter les premiers élans de sa pensée pour la fixer sur des objets utiles, former la chaine de ses habitudes, & son caractère par leur répétition, lui donner des lumières, du talent, & des mœurs, tel est l'abrégé des devoirs intéressans de nos fonctions.

Fonctions sublimes que les grandes ames savent seules aimer & remplir! le bonheur des hommes, de la société, & l'intérêt des lettres voilà votre ouvrage; Grandes ames q'en flamme le zèle de l'humanité! avoir fait des cœurs qui la respectent & la soulagent, voilà votre récompense.

Au lieu que la morale, & la science du bonheur nous aprennent à réduire les besoins du cœur, l'art de l'éducation est celui d'étendre les besoins de l'esprit; il satisfait l'appétit sans fatiguer l'estomac, tandis que l'orgueilleux pédantisme en étrangle la digestion par la multitude de ses savantes inutilités.

C'est ce que j'aurais appris de vous si j'avais connu vos statuts, vos usages, vos principes. J'aurais appris à dédommager la jeunesse des travaux fastidieux de l'étude par l'aménité des instructions; à semer d'agrémens une carrière que les loix de la société leur ouvre,

&

& que la nature leur ferme : ce n'est pas nous qui sommes à plaindre, mais bien ces malheureuses victimes condamnées à passer les beaux jours de leur vie dans la poudre des colléges, aux peinibles travaux de l'esprit, dénaturés par une méditation assidue, ne pouvant voir que les difficultés, jamais l'intérêt des sciences, & dont le seul soutien est la spéculation d'un avenir plus heureux, & de succès achetés par des années de tourmens. C'eut donc été en mettant d'abord des fleurs entre leurs mains que j'eusse commencé ma vocation littéraire.

J'eusse arraché les armes des Prêtres de l'école, aussi funestes peut être à la société par leur ostentation de savoir, leur savoir sans Philosophie, & la barbarie de leurs argumens, que les Prêtres du Paganisme & quelque fois ceux d'une Religion pure & sainte par l'amertume de leur zèle, & leur ambitieuse sainteté.

Je ne me serais point crû dispensé d'honorer ma place parceque ma place m'honore,

nore, & j'eusse montré d'après vous que le préjugé qui flétrit les ecoles & les instituteurs ne doit pas être universel. Malheur aux instituteurs qui ont dégradé par leur jargon scholastique, leurs fausses lumières, leur doctrine gothique, & leurs mœurs sauvages l'art des Socrates, & des Rollins.

Rien n'a hâté davantage les siécles de barbarie que cette foule de Rhéteurs, de Sophistes impudens & disputeurs qui ont inondé les âges de la décadence des lettres: Tout fut perdu quand il ne sortit plus des écoles que des déclamateurs ignorans; Dialecticiens subtils, & mauvais Citoyens qui firent dire au plus vertueux des Romains *qu'à leur arrivée tous les gens de bien avaient disparu.*

Que deviennent en effet l'esperance de la patrie & ses fils au sortir de ces collèges, où leur memoire fatiguée du vocabulaire d'une langue morte, & leur conception émoussée par la recherche de ses beautés intelligibles à nos Rhéteurs modernes, ont
eteint

eteint dans leur ame l'amour de la gloire, & les défirs de la curiofité ? Recommençeront ils des travaux plus utiles, plus appropriés à l'état où la fociété les place ? Non ; ils préféreront de ramper avec orgueil fur la terre, comme tant d'êtres fans principes & fans caractère, flottants entre le vice & la vertu, n'ofants vivre avec eux mêmes ou cherchants à fe fuir dans la diffipation, arrivants aux places que le hazard ou la naiffance leur affigne avec une ignorance préfomptueufe, & ne pouvants au moment d'une mort humiliante fe confoler d'une inutile vie.

Tous s'ils renaiffaient accuferaient nos préjugés & nos funeftes coutumes. Ils nous redemanderaient l'ufage de leur langue nationale méconnue, l'amour des loix de leur pays & des devoirs de leur vocation négligés, leur jeuneffe, la mobilité de leur cerveau, les beautés de tous les tems, de toutes les langues & de tous les lieux; facrifiés à l'imparfaite connaiffance d'un Idiome, & à l'abfurde prétention d'en connaitre les fineffes.

Fleu-

Fleuristes ignorans, les scolastiques retranchent au Printems les boutons des fruits, & l'arbre ne pousse plus que des feuilles.

Vous, Messieurs, vous ne séparez point la science des vertus de celles des choses : vous jugez même plus utile de répéter dans vos exercices les mots d'équité, de droiture, de desinteressement, d'honneur que ceux d'une vaine doctrine qui n'est rien sans l'instruction du cœur. On n'a pas besoin de Syllogismes pour enseigner la grandeur d'ame & la justice ; il suffit d'en montrer les effets, & quand le plus sensible des Grands hommes fut chargé de l'éducation d'un Roi, il composa le Télémaque.

Je ne donnerai pas aux élèves de cette Académie les lumières & le génie qui me manquent ; mais ils entendront souvent que sans les mœurs il n'est point de bon esprit, point de Philosophie ; qu'ils chercheront vainement l'estime d'eux mêmes dans le savoir sans l'honnêteté du cœur ; Elle seule

ne

ne vieillit jamais, & le sentiment d'une bonne action est cent fois plus cher que le talent de la célébrer. Qui de vous n'aimerait mieux voir son fils élancé dans une maison en flâmes arracher une famille à l'incendie, qu'avec le pinceau de Greuze en dessiner savamment les attitudes désespérées.

Si la faiblesse de mes connaissances ne leur en promet pas d'etendües, elle intimidera l'orgueil dogmatique des progrès naissants, si destructif d'une vraye sçience, appanage de la médiocrité qui sans égards pour le merite croit s'en dispenser en l'insultant.

Point de cœur sensible sans modestie; elle orne les vertus, si les vertus ont besoin d'ornement; le vernis des talens c'est l'oubli de ce qu'ils valent, comme le caractère de l'esprit c'est l'ignorance de lui même.

Si un jour ces grandes idées cessaient de diriger ma conduite, mes fautes ne souffriraient point de dispenses. Vous me rapeleriez

riez avec opprobre mes engagemens dans mes maximes, & je rougirais egalement de ce que j'aurais fait, & de ce que j'aurais dit.

Oui, MESSIEURS, Tel est le point de vûe sous le quel j'envisageai l'éducation publique lorsque l'Auguste chef de la Nation confia à mes soins un de ses objets. Combien de graces j'ai à lui rendre ! Je vais donc faire partager à des cœurs jeunes & sensibles les plaisirs intéressans & toujours neufs que le mien doit a l'étude des Belles Lettres ! j'étendrai mon existence en communiquant mes sensations ! Quel est le barbare que l'attrait des Beaux Arts n'a jamais touché ? Esprits steriles & froids qui sacrifiez toujours les beautés à la convenance, dont le génie methodique compasse la nature sans l'admirer, la peindre & l'embellir, pour qui rien n'est beau s'il n'est Mathématique, Alchimistes des lettres, que font vos recherches auprès des erreurs même de l'entousiasme ? le trésor de la Poésie c'est le miroir de la nature, ou plutôr ce sont deux glaces qui
se

se réflechissent nos plaisirs & leurs objets. Le talent qui crée & l'art qui le juge, tout le systême des Belles Lettres n'est que les régles du goût, & les regles du goût sont les axiomes du sentiment.

Le Temple du Goût est un Château de Fées pour celui qui l'approche; le brillant de la mythologie, les figures de l'eloquence, les images de la Poésie, le monde moral envelopé dans ses tableaux ne présentent d'abord qu'un Théâtre fantastique où l'imagination jouït & la raison se tait; mais la Philosophie est le Génie qui en réalise les figures, elle trace les préceptes, devoile la magie du style, & en fixe les secrets; le temple du Goût devient celui de la nature imitée, de tous ses objets rendus palpables, combinés, & accommodés à notre manière invariable de sentir.

Chose admirable, & point du tout etonnante! l'entousiasme n'est le plus souvent que le dégré philosophique de la Poésie; car si son désordre constitue l'illusion, le moment où il met l'ecrivain en place de l'objet qui le transporte est celui de la vérité saisie. Combien il etait Poëte celui qui courait Syracuse en criant *je l'ai trouvé!*

C'est vainement que des raisonneurs inattentifs, des esprits louches & timides toujours acharnés contre les Novateurs, ont voulu séparer la Philosophie qui analyse avec justesse & pense avec force, des devoirs de l'Ecrivain. Malgré ces détracteurs obscurs qui voudraient tenir les Muses en lisières, celles des B. L. offrent aujourdui leurs chefs d'œuvres à la raison ; baisons les chaines qui les lient, Poëtes, Historiens, Orateurs, examinons la texture de cette législation littéraire que les lumières perfectionnées donnent au talent, & arrêtons nos regards sur l'histoire de ses conquêtes.

Siécle de lustre, & de décadence, de savoir & de malheurs, de bel esprit & de systêmes, où Cicéron se fut aplaudi de naitre
&

& d'écrire, & où le genie a tant de tributaires & d'ennemis, c'eſt dans les tems qui t'ont précédé que nous obſerverons cette influence d'une raiſon ſublime ſur les Beaux arts : le moment de leurs triomphes réünis ſera le période le plus éclatant de leur durée & j'en rougis pour les Apologiſtes ténébreux d'un paſſé où leur médiocrité eut ceſſé d'être mépriſable.

Le dévelopement des efforts de la penſée & de l'imagination aggrandit l'homme ; c'eſt l'étude du ſage. Nos triſtes annales ſont trop ſouvent des monuments de carnage & de dévaſtation ; on nous conduit les yeux bandés dans les charniers du deſpotiſme, & de l'ambition, & nous n'appercevons qu'au travers des ſiécles de crimes, de ſervitude & de miſéres, le mortel utile & iſolé qui apprivoiſe l'araignée pour en avoir la ſoye. Conſidérons donc la larme à l'oeil la conſtruction de leurs coques, Tant d'autres ont décrit leurs combats.

L'intérêt des lettres & de la vérité dont je cherche le rapport, excusera l'insuffisance de l'orateur. Nous le suivrons dans tous les âges, nous l'admirerons dans le nôtre, & jettants un coup d'oeil sur l'avenir, nous nous écrierons douloureusement comme ce Misantrope à qui l'on fesait observer une belle soirée ; *Ah! dans une heure il fera nuit.*

## PREMIERE PARTIE.

Entre les miracles de la nature il n'en est point qui l'étonne d'avantage que celui qui l'incorpore au cerveau de l'homme, la reproduit par la mémoire, la renouvelle par l'imagination, occupe sans cesse l'ame de sensations nouvelles & extérieures en conservant la personalité, crée une faculté dont il ne peut ni modérer les forces, ni assigner les bornes, & qui de tous les dons de l'intelligence ne lui a refusé que la puissance de se concevoir.

Sans doute si quelque chose pouvait être au dessus du spectacle de la pensée, eclaircir le voile qui la couvre, & consoler notre ignorance, c'est l'histoire de ses effets. Tableaux mouvans toujours commencés, jamais finis parcequ'ils sont toujours nouveaux. Monumens superbes & durables que le tems épargne, & sous les débris desquels la tyrannie & le fanatisme ont vainement tenté d'ensevelir le génie & son immortalité.

Déjà la pensée s'étend, se correspond des deux bouts de l'vnivers ; elle se crée des signes, la parole & les caractères deviennent ses organes, le papier s'anime, l'ame se peint, & le sentiment respire dans les emblêmes & l'écriture : à ces effets en succedent de plus admirables ; à peine le besoin & l'instinct ont-ils rapproché les hommes, qu'une raison naturelle les rassemble & les dirige : Desunis, vaincus, esclaves, le Génie trouve les principes de la sociabilité, il fait les loix : à l'impulsion de la nature en enfance il joint la sienne, rien ne lui résiste, il police les Nations, leur donne la science des Moeurs, des Gouvernemens pour appui,

&

& dans leurs malheurs les Arts pour ressource : l'empire de la pensée devient alors universel, elle juge les peuples & leurs maitres, résiste au despotisme & l'effraye, apprend au genre humain ses devoirs & ses droits, & regne sur lui si absolüement que la culture des lettres devient un de ses premiers besoins.

Dans les premiers âges l'art d'écrire qui n'est que l'art de peindre précéda les sciences : le sentiment qui fait le Poëte & l'Orateur inspira la morale ; tout etait image, & tout devait l'être, l'enfance ne connait que le rapport des objets à ses sens, ainsi les sciences dûrent être les filles des passions dans un Univers sensible & non pas éclairé.

Dis moi donc Peintre energique des crimes de la société, toi qui as apprétié nos mœurs avec tant de courage & de bile, qui as si souvent preferé d'être conséquent à être juste, & le plaisir de ne pas te démentir à celui d'honorer ta plume de l'aveu de tes erreurs

erreurs, quand tu reprochas aux lettres leur origine t'attendais tu à publier un Roman où tu ferais naitre nos vertus même de nos paſſions ? Avoüe que les ſciences n'ont conſervé de leur origine que ce caractére de force auquel le menſonge ne réſiſte pas.

Bientot l'invention ſuccéda à l'imitation de la nature ; après l'avoir contemplée on la connut ; le travail de la chenille & la marche des aſtres, la végétation de l'epi & la meſure du globe, les principes de la vie, les phenoménes de la penſée, le calcul de nos ſenſations, la connaiſſance de nos rapports reſpectifs & abſolus ceſſérent d'être des ſecrets ; Montaigne, Locke, & Newton avaient paru.

Le même eſprit qui décompoſait l'univers intelligent & phyſique créait des arts, rectifiait l'art de penſer & celui d'ecrire, guidait le raiſonnement en analyſant les idées ; les rameaux de la philoſophie & des belles lettres divergeants dans les ſiécles d'ignorance & de barbarie s'entrelacent & leur concours forme la perfection du gout ; le Littérateur ecrit & pense. En multipliant nos idées par la méditation le génie philosophique lui ouvre des tréfors : il donne à fes ecrits un caractère energique & fécond, à fa pensée le courage, & à fes disgraces les confolations. Plaire & inftruire voilà fes dogmes, devoir à l'abondance du fentiment l'abondance de fes fuccès, voilà fes preftiges. C'eft en analyfant les penfées les plus compofées qu'il les fimplifie ; il conduit la conception de l'hiffope au cèdre, il enfeigne à du Marfais la marche métaphyfique de nos idées, & le grammairien trace les principes des langues: Toujours lumineux & toujours profond il verfe dans le ftyle la clarté & l'abondance, épure le goût en rendant raifon de fes découvertes, & fubftitue aux convulfions de l'art une elocution fans apprêt qui ne nous retrace que ce que nous avons éprouvé nous mêmes, ce que la fenfibilité a vû, & tel quelle a vû.

Tan-

Tandisque l'école rétentit de raisonnemens sans raison, profane l'érudition en lui sacrifiant l'invention, & accumule les opinions sans jugement, la Philosophie brise les entraves du génie, & l'affranchit de la superstition des régles : il n'en prescrit qu'une seule, c'est la réponse qu'un Philosophe Indien fit selon Saadi à celui qui lui demandait à qui il devait sa sagesse, *aux aveugles*, dit il, *qui ne mettent jamais le pied en terre sans s'être assuré du sol :* le Philosophe se garde bien d'ôter les ailes au talent, mais il l'avertit de l'imprudence d'Icare afin de prévenir sa chûte. Assignera til aux arts des limites, & enlevera til aux générations suivantes le plaisir de créer ? C'est en prévenant leur corruption qu'il étendra leurs ressources; c'est en respectant les forces de la nature qu'il apprendra aux hommes à les mouvoir: pourquoi accorder à un siécle le privilege exclusif de l'originalité, décourager de nouveaux essais par des éloges inconsiderés des premiers, reculer les progrès de toutes choses pour punir les grands hommes à venir

d'être

d'être nés trop tard, & clouër Prométhée fur le Caucafe pour effrayer fes imitateurs? \*) Belle Allegorie! par laquelle le Peuple le plus ingénieux annonçait aux inventeurs le fort funefte qui les a perfécutés, & aux perfécuteurs que le génie eft un foye qui renait toujours quoique toujours devoré. Apprenons donc que l'art eft immenfe & le talent rare, que s'il fut des maitres il peut y en avoir encore, que s'il eft des genres perfectionnés il en eft à naitre, & montrons toujours aux effais des artiftes les applaudiffemens & l'immortalité.

L'etude de la Nature humaine affigne aux objets leurs qualités, à l'ame fon caractère, aux événemens leurs conféquences & leurs caufes, aux images leurs vrai coloris; elle difcerne les genres, les unit ou les fepare; fixe l'art des nuances & des contraftes: allie

les

---

\*) La Guerre que les Gouvernemens & les fots intolérans ont eu avec l'efprit humain jusqu'à nos jours eft fidélement exprimée dans un Apologue d'Hefiode; un Roffignol chante dans les ferres d'un vautour qui le mange, pour le défarmer.

les objets d'imitation, & établit sur un ordre invariable cette raison poëtique qui parcourt le monde imaginaire & réel, ne produit pas une fiction qui ne soit l'image d'une vérité, fournit des originaux à l'imagination dans la nature physique si riche, si abondante, si pittoresque, & soit qu'elle enfante ou qu'elle imite la rend toujours confidente des secrets de la Philosophie; elle corrige, élague ses productions, n'arrête pas ses élans sublimes, mais fait rentrer son vol égaré dans la route des possibles.

Quel torrent d'idées l'entousiasme philosophique va verser aux aspects de la Nature vûe en grand! les descriptions de la Phisique vont prendre une chaleur & une vie qui ne laisseront plus d'êtres inanimés dans son spectacle; il vole dans l'immensité de l'espace & tandisque le Géomètre calcule la courbure de ces orbites innombrables dont il est semé, le génie contemple avec admiration la continuité de forces qui les conserve, & tous ces mondes sans fin dont les mouvemens éternels, invariables, & indestructibles ont renouvellé tout ce qui existe, & assurent la machine de notre globe : il voit ses ressorts vieillir sans se détruire, la nature se changer sans s'anéantir, & notre imperceptible existence ajouter au sentiment de sa grandeur : il descend dans les bouches enflammées des volcans, creuse leurs fournaises que rien n'épuise depuis trente siécles, & voit rouler dans les campagnes desséchées les torrens calcinés de scories & de cendre qu'elles vomissent ; il observe la magnificence des ruines & les restes antiques d'un monde enseveli sous nos pieds, les élémens & le tems démolissants l'univers actuel pour préparer dans une longue suite de siécles celui qui doit naitre & notre fin qui étonne l'ame plus qu'elle ne l'effraye, les cités englouties dans les entrailles de la terre qui les rend un jour aux recherches de l'observateur épouvanté, la mer se creuser un lit dans l'espace des siécles, parcourir successivement le globe sans pouvoir en séparer les habitans qui l'ont assujéttie.

De ces vûes majestueuses & sublimes qui présentent par tout l'image de la destruction

tion & de la mort mais jamais celui du néant, l'ame du Philosophe jette un œil serein sur les richesses de la terre qui l'attendrissent.

Source féconde de biens & de beautés la nature champêtre s'ouvre à lui : elle meurt & renait, s'enrichit & se depouille dans des périodes immuables qui ramenent successivement les trésors des campagnes & le sommeil de la végétation. Elle le transporte à la vûe des Alpes sur une des inégalités montueuses d'un bassin immense que forme leur circuit ; il est ému, saisi, à l'aspect frappant de ces hauteurs que nos yeux ne peuvent atteindre, & nos pieds franchir. la construction de ces masses enormes chargées du poid de glaces eternelles, leurs cimes argentées, l'amphitéatre & l'asperité de leurs côteaux, les déchirures de leurs sommets cachés dans les nûes séjour du tonnerre & des tempêtes, leurs angles, la blancheur de leurs neiges que le soleil voit s'accumuler tous les ans & ne peut fondre, l'horizon qu'elles enferment, les barrières qu'elles imposent aux heureux

habi-

habitans de leurs vallées, le coucher du foleil à leur oppofite, la dégradation de la lumière depuis les pieds de l'obfervateur jusqu'à leur fommet —— tout ce magnifique fpectacle eft le théâtre où l'imagination attendrie fe féconde & s'inftruit délicieufement.

Tout à coup l'entoufiasme vole aux pieds de ces mêmes montagnes dont les collines rabaiffées de la plaine lui ont préfenté l'enchainement & l'etendue : il confidère leur ftructure, le parallelisme de leurs couches ou leur confufion, leurs fubftances tantôt fimilaires tantôt hetérogènes, la cohéfion & les débris de leur vétufté, la decrépitude, & la diminution de leurs maffes s'éboulants fur les hameaux, la végétation couvrir la mouffe des premiers rocs de l'entaffement d'arbres vieillis avec eux & alimentés de leur pouffière, refufer l'ombrage dans les féconds aux troupeaux à qui elle donne l'herbe, décroitre enfin & disparaitre dans ces fommités glacées où la nature horrible & belle mit le dépôt des vapeurs de l'atmofphère.

A ces

A ces aspects étonnans en succédent de plus rians : c'est une fontaine dont rien encore n'a terni le cryſtal, qui aprés avoir promené ſa chûte de rochers en rochers jusqu'au vallon qu'elle fertiliſe, aide la prairie à remplir les mammelles des troupeaux. A ce contraſte ſublime des horreurs de la nature & de ſes bienfaits, le Poëte Philoſophe ſent couler des pleurs involontaires : larmes du Génie qui annoncent ce quil va peindre parce quil reſſent.

Toujours avide, & toujours ravie ſon ame parcourt les forêts & ne les quitte qu'avec le jour dont le déclin raméne leurs habitans vers un des fleuves dont elle recélent les ſources ; mais eſt ce donc là ces eaux filtrées par les cavités des rochers, & dont les caſcades ſembloient avoir fixé la déperdition ? ces ruiſſeaux ſe ſont ouverts un paſſage au travers des gouffres où en bouillonnant ils cherchaient une iſſuë ? ils rempliſſent ici un lit majeſtueux, s'aggrandiſſants à tous les moments de leur fuite, & traverſants d'innombra nombrables habitations; ils rapprochent les nations & les distances, & prêtent leurs eaux salutaires au laboureur & au commerçant; Helas! en s'éloignant de leur source elles se souillent de limon & de vase, leurs rives auparavant semées d'or ne le sont plus que de fange: image peut être frappante & fidéle de l'homme naturel & civilisé.

Jusqu'aux calamités des campagnes, aux fléaux de toute espèce qui en menacent les récoltes, la désolation des hameaux dont une grêle a hâché les moissons les pampres & les fruits, des animaux mourans, une terre frappée de stérilité, des sources taries; & le bétail mugissant après l'eau qui lui manque, cette multitude de désastres qui affligent le paysan sont des originaux dont l'humanité demande à l'imagination des copies.

Pren ta lyre Chantre éloquent & harmonieux des Saisons, une Philosophie bien fésante va t'inspirer toi dont les accens ont tant flatté nôtre oreille & ému notre cœur!

Soit

Soit que ta muse fasse découler à nos regards les sueurs de cette malheureuse portion de l'humanité que nous avons la basse ingratitude d'avilir parce qu'elle nous nourrit, soit qu'elle foule les fleurs du Printems ou s'associe aux laboureurs recueillants les tributs des champs & des pampres, qu'elle mêle ses ris à leurs jeux grotesques, à leurs amours rustiques, ou ses pleurs à celles de l'indigent cultivateur trainé sans pain aux corvées; Toujours égal, toujours fécond, toujours varié, le plus grand mérite de ton Poëme n'est pas de chanter la campagne mais de la faire aimer. Je ne devrais pas disserter, Messieurs, en cherchant l'utilité & l'alliance de la Philosophie & de la Poésie éloquente; mais vous lire les vers de St. Lambert; ses attachantes leçons ont appris au laboureur à s'estimer, & au faste insolent qui le foule, qu'il est des mortels ses égaux, sans liberté, sans propriété & pourtant satisfaits; appellé l'habitant des cités dans la cabane de l'agriculteur pour y voir ses peines & les respecter, intéressé tous les hommes à leurs semblables

blables sous la bure par le spectacle de leurs utiles travaux, excepté peut être ces ames de fer cachants des principes affreux sous les dehors de la politesse, se consolants d'être grands sans être heureux par l'oppression de ceux qui savent l'être, & qui leurs envient jusqu'au déplorable avantage d'avoir des jouissances sous le chaume & les haillons.

Mais les meditations du Philosophe vont ouvrir un nouvel Univers à l'eloquence du Poëte & de l'Orateur, ils n'ont plus besoin de personifier le monde matériel; une longue étude de l'homme les met au centre de ses mouvemens, & ils en decouvrent l'enchainement, les causes & les resultats: Telle est la science de cet Etre sensible & faible dont les affections sont si fortes, & si légéres, & qui a presque autant d'énergie dans ses penchans & ses desirs que peu de suite dans ses goûts, que tout pénétre & rien ne fixe, dont la nature est d'être agité de tous les objets & de toutes les idées, rarement heureux, mais assez cependant pour s'en consoler par les chimères de l'espé-
rance

rance, ne vivant qu'un moment, & s'élançant dans tous vers l'avenir, plaçant ses plaisirs presque jamais ses peines dans son incertitude, dupe d'une sensibilité active & inquiéte que le présent ne peut remplir, & ne conservant de cette mobilité de pensées, de sentimens, de déterminations, que l'empreinte de son origine fabuleuse, la flâme des passions qui le vivifient & que l'âge même ne peut amortir. La triste & humiliante découverte de notre caractère primitif & inaltérable, présente à l'âme d'un seul jet toute l'histoire de la Société humaine; comme Sylla devinait le César usurpateur de la liberté publique dans le César sans ceinture, les circonstances données on présage les annales de l'avenir, & celles du passé cessent d'être obscures.

Le Génie décrit en gémissant les scènes si mal observées de nos passions contenues & irritées par les loix, se disputants le sacrifice de l'innocence ou celui d'un intérêt bien cher, & demandants à leurs victimes un courage de tous les momens; ici c'est Asdrubal balançant

C        entre

entre le dessein de s'ensevelir sous les ruines de Cartage ou de la vendre aux Romains : là, une mère désespérée qui engloutit son enfant dans ses entrailles affamées, ou Médée dont l'amour furieux en égorge les fruits. O Fatalité déplorable ! une étincelle de vertu de plus, & des Scélérats devenaient des Héros.

De ces déchiremens du cœur le Poëte le suit dans tous les âges, toutes les conditions, les relations, ses ridicules, ses vices, dans les tristes liens qui l'attachent à la société, & qu'il faut rompre dès qu'ils sont chers : la morale est l'attelier où il figure l'homme dans toutes ses attitudes après l'avoir dessiné à nud : il lui arrache le masque dont la société le couvre, & le considére tel qu'il est, & non tel que nous l'avons défiguré : il le jette au moule de la nature, des loix, des usages, des différens Gouvernemens, & ne l'en sort que pour le former à la vertu & au bonheur.

Expression harmonieuse de ces sublimes idées, l'Eloquence & la Poésie sont sans doute

les

les premiers des Arts; c'est par là aussi que la méthode Philosophique met nos sentimens en regles, & nos principes en sentimens: lui restituants alors une partie de ses dons, les muses prêtants aux vérités leur langage enchanteur, en deviennent les interprêtes.

Effets admirables qui resultent à la fois d'une ame délicate, d'une énergie de sensibilité qui se conserve, d'un Esprit promt à appercevoir, & d'un grand sens perfectionné par l'experience plus que par l'étude.

Point d'éloquence si elle n'émane du sentiment qui pense & parle avec courage: si ses figures hardies, ses tournures nerveuses, l'art de persuader avec onction & d'entrainer le cœur sans l'éblouir, ne sont consacrés à balancer les ressources de l'erreur & à dénoncer les vices que la flatterie encourage. L'Athléte terrassé qui prouva qu'il n'était pas vaincu, le premier qui immola les raisonnemens à une elocution brillante, une simplicité sublime à des saillies métaphoriques, & la justesse à la déclamation, fut un énerguméne littéraire qui prit sa fureur pour de l'entousiasme, & son enflure barbare pour cette élévation de style qui s'échauffe par degrés, orne la pensée sans amplification, & n'en dénature jamais la noblesse par cette abondance stérile de traits & d'images, mérite ordinaire de cette foule de déclamateurs ecrivants toujours sans réflechir. Le premier Orateur du mensonge dont l'eloquence avilie osa trahir les interêts des hommes, & prostituer la dignité de l'art à l'adulation, fut un monstre: Et perissent les organes impurs qui portent à la postérité l'éloge d'un tyran, décernent des triomphes à d'autres qu'à la vertu, la privent de la récompense des applaudissemens en les vendants à la bassesse: Plumes salies qui aprés avoir dégouté leurs sucs gangrenés dans les playes de l'humanité, impriment les taches de leur encens sur ceux qui l'oppriment pour couvrir celles de leurs mœurs: Comme si la vérité ne passait pas bientôt l'éponge, & laissait longtems la turpitude sous le masque.

Point

Point de Poésie de style sans celle des choses; l'imagination du Peintre Philosophe des objets n'est pas cette faculté bizarre qui n'engendre que des monstres & des grimaces, étouffe un sujet puéril sous un amas d'images forcées & incohérentes, ne fait rien approprier, jamais pittoresque parce qu'elle est toujours exagérée, & dont la fausse prodigalité ressemble à celle des commentateurs qui donnent à leurs textes des éloges intarissables en termes dont ils ignorent le sens.

C'est au même flambeau que le Philosophe apprend l'histoire & l'écrit: sans être lâchement crédule sur des faits anciens parce qu'ils sont anciens, il ne précipite ni son jugement ni ses négations: sans doute il préfère des recherches utiles sur les progrès du commerce, des arts, de l'agriculture, les annales politiques des états, qui en developent les loix, l'origine, la durée, les révolutions, la décadence, à ces recueils d'impostures chronologiques archives de mensonges en detail, où la stupide

pide erudition entasse les faits sans examen & sans utilité, monumens mutilés des premiers âges du monde & des Sociétés, sûr lesquels des rêveurs systêmatiques asseyent fiérement leurs décisions dogmatiques, & cet art conjectural de deviner les causes d'événemens peut être faux.

Qu'importe à la liberté, aux mœurs, aux arts, de connaître ces compilations extravagantes d'erreurs accréditées, qui transmettent sans goût des fables puériles, ces factums d'une nation contre une autre, ou les panégyriques de quelques despotes bouleversants la terre pour l'asservir, & ne reservants à la postérité que le droit d'abhorrer leur nom & leur gloire? Ce qu'il importe! sous la plume d'un Tacite ces Tragédies sanglantes vont devenir d'énergiques leçons: il flétrira l'usurpation, l'esprit de conquête, instruira les nations dupes & victimes, montrera les tyrans punis, souvent détestés, rarement vieux & toujours infortunés: il récompensera les Rois justes

en

en intimidant ceux qui oublient qu'ils font nés pour la patrie avant de l'être pour la couronne, par la fentence indeftructible que prononcent les Siécles fur leurs fautes & leurs vertus.

Terrible & inéxorable l'hiftoire eft le Tartare & l'Elifée: entr'eux eft le Tribunal où fes arrêts difpenfent les réputations.

Voilà, MESSIEURS, comme en s'amalgamant aux Belles Lettres la vérité leur donne le droit de caractérifer les fiécles & les hommes, de regner fur l'univers par la penfée tandisque le Defpote l'enchaîne, & de régler ainfi la machine des Gouvernemens en fefant les mœurs & les opinions; de là refultent ces mouvemens du monde moral fi peu aperçus du vulgaire, que l'homme d'état fuit & apprétie, & que le légiflateur habile ne néglige jamais. L'empire des talens & de la raifon s'étend & s'étendra toujours fur les cœurs: ce font les feuls conquérans dont on ne pourra jamais arrêter la courfe; on peut feindre de les méprifer & à fa honte,

mais

mais on ne peut les avilir: on peut les craindre & non les borner; si l'on asservit ma fortune, ma liberté, mes passions, peut être mon honneur, ma pensée me restera: instrument toujours libre dont l'oppresseur ne peut se garantir. *Tâte mon pouls & voi s'il est agité*, dit le républicain Sydney au lâche Jeffreys qui l'exhortait à subir son arrêt: Et c'est à ce courage du génie que l'ignorance croit donner des fers par des réglemens! comme ce chef des Natchès qui indique cha-jour au soleil la route qu'il doit tenir.

Ce serait bien ici le lieu de dénoncer à votre indignation tous ces ennemis obscurs des lettres & de l'humanité qui sous le pretexte de les défendre sortent de leur poussière, & pensent salir le génie en se vautrant sur lui. Esprits médiocres & méchans qui crient que tout est perdu parce que tout cesse d'être petit comme eux, qui à tous les préjugés joignent l'audace de les défendre, ne voudraient pas corriger les abus dont ils profitent, ne souffrent aucune innovation

non

non qu'ils en ayent connu le danger, mais parce qu'elle déroge à l'usage, dont tout l'argument est l'autorité de ce qui n'est plus, & qui désirent de nous nourrir de gland, & de nous vétir des haillons de nos Ancêtres. Si ces serviles déclamateurs etaient crûs, on ne verrait bien tôt plus d'énergie dans les beaux arts & les vérités; l'émulation anéantie, l'homme de lettres suspendrait ses traveaux, & la raison du Philosophe en s'isolant laisserait la terre s'abrutir dans les sottises du présent & celles de l'avenir*).

O vérité consolante pour le grand Ecrivain qui gémit dans la retraite, que l'envie persécute, & l'autorité méconnait! Quoi! ces lignes qu'il trace d'une main modeste prendront un caractère inéffaçable, & transmettront

---

*) Les pédans fanatiques veulent que comme à Locres les Novateurs paraissent la corde au cou: ils se sont plus d'une fois empressés de la serrer, & de tout tems la superstition fut le bourreau du despotisme.

tront aux générations futures nos principes, nos coutumes, & notre sort! Et tous ces hommes qu'un moment élève, & précipite, qui occupent le Théâtre & les spectateurs périront en entier, & il ne restera d'eux qu'une memoire ignorée si elle n'est odieuse! l'hommage des siécles est donc un tribut que le génie partage seul avec la vertu! le tyran de la Sicile, l'incendiaire parricide de Rome, celui qui commanda le carnage de cent mille Français de la Religion de HENRI IV (1) ont ambitionné la gloire compagne des talens, & attaché quelques fleurs littéraires aux trophées sanglans de leurs crimes! Oui, dans tous les tems il y eut des rétributions & des palmes pour les hommes généreux qui osèrent amuser & instruire le genre humain: Suivons les époques brillantes où les lettres les ont mieux méritées.

## SECONDE PARTIE.

Sera-ce dans cette contrée fertile où les hommes naissaient esclaves & pourtant laborieux, qui conserve tant de Monumens

*de*

de ses travaux & si peu de son génie, où l'ignorance devenue un objet de culte fit un sacrilège des lumières, & un mystère de l'art de penser ? il suffit de réfléchir un moment sur l'Egypte, pour lui refuser l'origine des sciences que les Historiens lui accordent avec tant de legéreté & d'entousiasme :

Ce stupide & malheureux peuple dont la superstition atteste l'ignorance & les ouvrages publics la lâcheté, qui conserva ce caractère sous une domination étrangère, & de toutes les véxations outrageantes d'un déprédateur abominable, de toutes ses loix violées n'osa venger que le meurtre d'un Chat, n'a laissé de sa pensée que des figures : c'est la Philosophie des sauvages :

A quel homme de sens persuadera t-on que le berceau des sciences a été dans cette même Egypte dont le Dieu du silence ornait les temples, en ordonnant à la Nation de se taire & de ne s'enquérir jamais des objets du culte & du Gouvernement ? c'est ce même

peuple

peuple qu'on veut nous faire croire inventeur, qui n'a pû enseigner les devoirs d'un magistrat que par le simbole d'un juge à mains liées; Astronome, & pas une de ses observations ne nous a été transmise; Architecte, & il ne reste trace du genre de sa construction, l'Orient n'a pu fournir un ordre à cet art: Raison sans replique contre tout ce que l'on publie de la magnificence de ses temples, de cette fabuleuse Memphis, & de ce ridicule & inutile labyrinthe digne logement des Crocodiles Dieux qu'on y nourrissait, & des cadavres de ces autres Dieux Tyrans couronnés: l'Egypte fut policée comme des troupeaux de Négres qu'on rend dociles à coups de foüet; Qui apellera subordination & régles la servitude accoutumée à tout souffrir & à ne rien oser? Oui, savans commentateurs d'Hérodote & aussi crédules que lui, on peut tailler des obélisques de cent coudées, et dresser des Pyramides de nonante mille pieds de base, *Regum otiosa & stulta ostentatio*, & être aussi les plus matériels instrumens d'un faste insensé & barbare; on peut même

sans

sans effort & sans invention creuser un lac & des canaux dans un pays submergé trois mois, & où la nécessité commandait les bras & les travaux.

Et qu'eussent inventé de grand & d'utile des hommes qui n'eussent jamais inventé pour eux ? dont la loi sacrée etait de ne rien innover, & de laisser pourrir les membres de l'état avant d'en percer les abcès? Maxime très sage dans un Gouvernement despotique & sacerdotal, & que nous méprisons très sagement aussi comme le dernier effort de l'ineptie humaine.

C'est dans les colléges des Prêtres qu'eut existé la Philosophie; ils s'apellaient Prophètes & Chanteurs: mais toute connaissance etait *Secrète* & reservée aux initiés; Telle a été de tous tems la marche du Charlatanisme, & de l'ignorance hardie; ce n'est pas celle de l'esprit humain; on ne voile pas volontiers des découvertes utiles, & ces prétendues Sciences des mystères ressemblent aux secrets des Jongleurs, ils n'étonnent que ceux qui les ignorent. (2)

Prêtres

Prêtres Egyptiens, Mages Perſans, Gimnoſophiſtes de l'Inde, tous furent les ſeuls Philoſophes, les ſeuls Poëtes, les ſeuls ſavans de l'Aſie dans les tems ou elle trembla ſous leur joug. Ce n'eſt pas alors que l'on trouve cette belle Philoſophie Allégorique des Orientaux qui a prêté tant de charmes à leur mithologie, aux ecrits célébres de Lockman, Saadi, Pilpai, & ſurtout à l'imagination de cette Arabie qui a donné tant de paraboles, de poëtes, & de conquérans ; Patrie de ce légiſlateur entouſiaſte & fourbe, dont le livre eſt rempli de ſublimité, & d'in cohérence, alliage d'images brillantes, de deſcriptions voluptueuſes, d'abſurdités & de contradictions : le fondateur de l'Islamiſme eut mérité ſes ſuccès ſouillés de ſang & tachés de fanatiſme, par la beauté de ſon génie, & une éloquence Poëtique qui connut les hommes & les ſubjugua.

Telles furent encore les lettres dans ce vaſte empire dont l'ancienneté, l'hiſtoire, les Arts, la legiſlation, nous laiſſent l'exemple

d'une

d'une raison embellie & toute puissante qui lui a conservé l'ouvrage de Confucius dans des moeurs & une police constantes. Tant l'efficacité du génie a de suite & de racines! Tant elle imprime de respect au dévastateur même qui ne respecte plus l'humanité! l'influence d'une morale pittoresque *) sur les loix de la Chine, sera toujours citée avec triomphe par la Philosophie fiére d'avoir donné des bornes aux destructions des conquérans.

Ornés par la même imagination, les mêmes préceptes se retrouvent dans le Royaume de Thibet, dont le monarque Dieu étend une domination spirituelle jusqu'au Gange; cette pacifique contrée que nos moines ont appretiée avec tant d'ignorance & de mauvaise foi, renfermait une multitude de livres dans le tems où notre Occident n'avait que des forêts, & des marais ou nous nous souillions de bouë: tous les manuscrits du Thibet parvenus jusqu'à nous sont des leçons de Philosophie

*) Le second livre des cinq Kings est en Odes, Poëmes.

sophie où les matières abstraites de la Metaphisique sont traitées en apologues mythologiques où la plus sublime morale respire dans une foule d'images, & où la métempsycose ce dogme si cher à l'Orient prête à l'imagination tant de fictions consolantes dont nos lumières ne sont pas dupes.

Quellesne doivent pas être les richesses littéraires de ce fameux collége de Bénarés dont depuis tant de siécles le culte, la doctrine les coutumes se conservent sans altération, qui a abhorré l'art de détruire les hommes, fait de la pitié pour les Animaux un article de religion, & poussé l'héroïsme de l'amour conjugal jusqu'à faire cherir à un sexe délicat une mort cruelle & prématurée, mais accordée aux cendres d'un époux.

C'est chez ces Indiens inventeurs où les Grecs allaient apprendre la sagesse, qu'on retrouve le plus cette méthode de prêter à la raison les charmes du coloris en la présentant sous un raport sensible; les jeux même de ce

peuple

peuple sage, pacifique & pénétrant sont les emblêmes des plus sublimes vérités. (3)

En un mot, cette Asie où nous avons tant voyagé & que nous connaissons si peu, reclame partout la gloire d'avoir policé les hommes en intéressant leur imagination qu'elle exaltait. Des Romans ingénieux & Philosophiques furent le code de l'Orient. (4)

Ce fut dans ce jardin de l'Univers que la Grèce moissonna les fleurs de cette mythologie charmante dont notre sécheresse a épuisé les allusions: Riantes erreurs qui semblaient avoir voulû élever l'homme jusqu'aux Dieux, en fesant Dieux des hommes; c'est dans ce riche berceau que décomposants leurs attributs, un peuple sensible en multiplia les formes; se fit une idolâtrie excusable fruit des rêves du cœur & de l'imagination, & suçca les alimens de ce génie poëtique, qui réchauffa en suite cette belle Ausonie où ils avaient placé l'âge d'or.

De l'Asie vint Orphée dont les Grecs & les Romains ne regardérent point les prodiges comme des fables; & qui en adoucissant la férocité des hommes sauvages mérita la gloire d'avoir apprivoisé des tigres; ce législateur apprit à la Grèce l'immortalité de l'ame que la douleur lui avait révélée; il descendit aux enfers y chercher Euridice : Hélas! ce n'était qu'un souffle à qui son amour donnait l'être.

Philosophie interéssante qui se reproduit par tout, & qui ne laisse que des traces profondes parce qu'elle les laisse dans le cœur! Quelle sublime imagination, & quelle éducation sentie dans les quatres âges! dans la fable de Prométhée, & cette boëte fatale où il ne reste que l'esperance, consolation funeste digne présent d'un Dieu vengeur; dans ces Nymphes gardiennes des bois, des prés, des fleuves; idée grande qui fesait respecter l'agriculteur en le mettant sous la protection des dieux. La Phisique se métamorphose, & les oranges font des pommes d'or : la

Déesse

Déesse Pomone est l'amante de l'automne; les fontaines, les oiseaux, les arbres, sont l'envelope d'une nature autre fois sensible, & le symbole d'un événement.

Ces brillantes allégories etaient-elles des rêves absurdes, fruits d'un délire idolâtre & superstitieux dont notre sévérité est allarmée ? c'etait une Théologie morale donnant un corps & des caractères aux passions: à la vuë de la Déesse de la sagesse, *l'envie* fecouë les vipères dont elle se nourrit, s'agite dans son autre, elle va à Athènes séjour des arts & des grands talens, tout se fane sur son passage, & elle souffle un venin mortel jusques dans les palais des Rois. Les Propétides perdent la sensibilité avec la pudeur, & c'est la beauté mère des amours qui les punit; les prières timides & consternées accompagnent par tout les Dieux pour les défarmer.

Dans cette langue prosodique & mélodieuse, la Politique, la Morale, la Phisique demandaient les crayons de la Poésie ou les sons de la musique. Quelle que soit l'origine très inutilement cherchée,(5)& très peu trouvée de ces deux arts; tous les premiers précepteurs de nos lumières & des sociétés civiles, en ont emprunté les secours.

Philosophie sacrée, la Poésie inspira les Chants d'Orphée & de Musée, la Théogonie du Chantre d'Ascra, & l'immortel Homère.(6)

Historien, le Poëte célébrait les Dieux & les événemens; Philosophe, il ecrivait en vers la doctrine de Parménide & de Pythagore; legislateur, les codes etaient des Poëmes: (7) Moraliste & Socrate employait ses derniers momens à donner le nombre aux fables d'Esope. Tandis que cette sagesse Poëtique éclairait l'Asie, elle gravait sur les rives de la Baltique & les arbres de l'Amérique les annales rimées de leurs féroces habitans.

Ce fut cette grande destination des Belles Lettres que ne perdit jamais de vuë cette Sparte que nous accusons de grossiéreté

avec

avec tant d'audace & d'ignorance; c'est à cette école de guerriers philosophes dont Tyrtée animait l'entousiasme, où Thalés \*) chanta sur la lyre la concorde & le respect des loix, où les beaux Arts furent respectés jusqu'à en défendre l'usage aux esclaves, où l'on punissait un raisonnement vitieux, & où, selon Plutarque, on vit Cynéthon & Chilon imprégner leurs écrits des sucs mâles d'une législation de Heros, que nos mœurs efféminées sans être douces osent réprocher le mépris de ces arts frivoles qui amusent notre oisiveté & énervent le talent. (8)

Ce ne fut pas non plus dans cette Grèce fertile en grands hommes qu'on osa les flétrir: Poëtes, Musiciens, Philosophes, tous etaient l'objet de la vénération publique; serait-on cru aujourd'hui, quand on redirait qu'Agamemnon laissa Clytemnestre sous la garde

---

\*) Il vivait 250 ans avant Thales de Milet; c'etait un Poëte lyrique que Lycurgue attira à Sparte. Voy *Plutarque, vie de Lycurgue*.

garde d'un Chanteur qu'Egiste éloigna pour la séduire\*).

Voyez ce siécle admirable où les sciences & les B. L. unies portérent sous le Ciel le plus heureux, & le Gouvernement le plus libre des fruits de tous les genres. Presque contemporains Sophocle, Pindare, Thucydide, Xenophon, Socrate, Platon, se disputérent les prix de tous les génies: Quel spectacle que celui d'Athènes dans les jours de sa gloire littéraire emule & compagne de la gloire de ses armes! Quelle leçon pour le génie, & quelle preuve contre les detracteurs de l'esprit philosophique que cette foule de grands Ecrivains dont les talens semblaient se réfléchir mutuellement, & se multiplier en se reunissant! (9)

Mais parmi eux oublié-je cet homme célébre qui fit pour Athènes ce qu'Auguste fit pour Rome; qui n'acheta point comme l'incendiaire de Pérouse la domination par le
meurtre

\*) D'autres disent que c'était un danseur; il n'y a de différence que des pieds au gosier, & il n'y en a aucune pour nos mœurs.

meurtre & la déprédation, mais par les charmes de la douceur & de l'eloquence; Orateur, Philosophe, Homme d'etat, Législateur, Héros, Magistrat, c'est de Périclès que je parle.

Né avec une ame étendüe & sensible que la meilleure éducation détermina aux grands objets, & à tous les goûts, à peine eut il connu ses forces que son génie prit l'essor. Destiné aux emplois dans une République où tout ce qui donne aujourdui les grandeurs etait proscrit, & où les armes de la parole conduisaient aux premiers grades, en réglant la destinée des états par les Victoires de l'éloquence, le disciple d'Anaxagore employa sa jeunesse à préparer ses connaissances philosophiques, & sur tout celle des hommes dont il allait surprendre la liberté & briguer l'estime: Bientôt il unit les luttes du raisonnement à une élocution foudroyante; toujours penseur & dialecticien, il déploya tour à tour tous les secrets de l'art d'entrainer & de celui de séduire: il parla à l'imagination, au cœur, à l'esprit; & ouvrit une

une carrière illustre par des chefs d'œuvres de génie. Couvert de triomphes littéraires qu'avaient recueilli l'élégance & la vigueur de sa raison populaire, il en mérite de nouveaux sous les armes; Aristide mort, ses talens se placent & ses grandes vûes se developent; il sait se faire adorer d'un peuple sensible mais fantasque, pres qu'aussi rebuté par les bassesses que par l'orgueil, captive ses caprices par l'opinion distinguée qu'il donne de son jugement; Périclès *songeait toujours qu'il parlait aux Athéniens*, & les Athéniens que Périclès leur parlait; tout ce qu'il demanda il l'obtint; il sçut abaisser les grands sans élever le peuple, l'aveugla sans le flatter assez habilement pour ne pas rendre redoutable le bien qu'il fesait, ne désarma pas l'envie mais la contint, & gouverna en Démagogue absolu une République ombrageuse & turbulente, endormie dans ses fers sur des chefs d'œuvres d'or & d'airain, sur le parvis de ses temples somptueux & d'un Théâtre de musique.

Qu'on

Qu'on fuive Périclès dans fa domination idéale dont des phrafes etaient les foutiens; dans ces vües qui oppofaient Lacédémone aufénat, & des Lacédémoniens invincibles à Lacédémone; dans fa munificence qui excitait l'émulation, & fermait la bouche aux defapprobateurs de fa prodigalité; dans l'art de fe faire aimer en fe fefant gouter, à la Tribune, aux drapeaux, fur mer, aux affemblées publiques, à l'adminiftration des finances; il donne par tout cette importante leçon à ceux que le fort a placé au deffus de leurs égaux: „Aprenés qu'on gouverne les hommes par leur propre cœur, & qu'ils ceffent „d'être foumis dès qu'on ceffe de s'en faire „admirer; ce n'eft pas aux embelliffemens „d'Athènes, aux Beaux Arts apellés à ma „voix, à neufs trophées monuments de neufs „victoires, que je dois un nom illuftre; c'eft „au Philofophe obfcur, à l'ami tendre à qui „mes pleurs confervérent la vie, lors qu'é„tendu fur la pierre & couvert de fon man„teau il accufait la négligence de Périclès.(10)

Par cette dextérité admirable qui se prête à tout, ne brise pas un seul de ses ressorts, & les place toujours à propos, il conserva une supériorité reconnue à qui Athènes n'eut pû refuser sa soumission sans injustice; les grands talens excusent l'idolatrie du peuple, & le Dieu qu'il adore. Persécuté par le sénat dont il avait réduit l'aristocratie, oublié des Athéniens occupés de leurs propres maux, la disgrace de Périclès ne l'accabla point; & il reprit aux acclamations publiques ce même gouvernement que l'inconstance d'une nation souffrante lui avait ôté: ce fut le plus beau moment de sa vie & le dernier; le plus magnanime des Athéniens, qui eut été le plus aimable des particuliers si la destinée ne l'avait fait le premier des hommes publics, fut le plus malheureux des pères: le sort foula aux pieds les couronnes de quarante années d'habileté de désintéressement, de modération, & de gloire; la mort sema le deuil dans sa maison & dans son coeur: on le vit arroser de larmes séxagénaires la tombe où il descendit le dernier de ses fils; sa-

crifi-

crifiant une fois la philosophie qui fait souffrir à la sensibilité de la nature infortunée pour qui il n'est point de philosophie. Sans doute dans ces momens de douleur où la vieillesse se repliant sur le passé voit périr tout ce qui l'entoure, ne compte plus qu'un événement à naître & une consolation à espérer, Périclès trouva dans une ame réchauffée encore de la flâme des Beaux Arts, des adoucissemens à des maux cruels toujours, & désespérans lorsqu'ils sont inattendus: sa mort courageuse & tranquille fut un témoignage de sa vie, & le moment du grand homme; son dernier soupir fit son éloge funèbre: *Graces aux Dieux*, s'écria-t-il, *il n'est pas un citoyen à qui j'aye fait prendre le deuil!*

Tel fut l'homme rare à qui tous les gens de lettres doivent un hommage; dont la mémoire sera respectée tant qu'il y aura du goût & des arts, dont le génie éloquent & vaste eut fait deux siécles plus tard seulement un Orateur, & dans un etat libre le plus habile des administrateurs: si les beaux jours d'Athènes

thènes furent l'ouvrage de Périclès c'eſt aux lettres à s'aplaudir, & à ceux qui les célébrent à le répéter. Helas! encore un fiécle, & Athènes floriſſante, Athènes libre va être effacée fous les coups d'un vainqueur & d'un maitre.

Suppoſons Démoſthène évoquant les manes de Périclès, dans cet inſtant que forcé de fuir la patrie qu'il avait défendüe & condamné à mort, il préféra de s'empoiſonner à perir par les mains d'un de ces hiſtrions qui remplacaient alors les Ariſtides & les Socrates. "O Périclès! ſe fut il ecrié, c'en eſt „fait; la ville de Minerve a tendu les mains „aux fers de la Macédoine, aprés avoir fubi le „joug de Lacédémone; un déſordre démocra„tique a meuri l'eſclavage; ces monumens de „magnificence que tu élevas à ſa gloire vont „devenir la proye de l'Etranger; ce même „peuple qui démolit ſes maiſons pour s'enfer„mer dans ſes vaiſſeaux, a accordé la mort „de ſes derniers défenſeurs au tyran qui l'op„prime; vainement ai-je fait ſervir ton élo„quence

„quence à l'arracher de son lâche repos, & à
„armer les restes libres d'une nation esclave.
„O Periclés! tu laissa Athènes la maitresse
„des Arts, l'école du goût & du génie, je la
„laisse à des Histrions & des Rhèteurs merce-
„naires; cent cinquante ans de prospérité de
„luxe & de succes engloutissent tes travaux,
„& tu préparas notres chûte par notre
„grandeur.

Destinée à donner à la Grèce le spectacle
de son humiliation, lors qu'Athènes eut fait
périr Socrate, Démosthène & Phocion, lorsque l'eloquence républicaine du second eut
cessé d'avoir des imitateurs & ne fut plus écou-
tée, lorsque les calamités & les succès eurent
affaibli ce corps amolli par la corruption des
mœurs & des goûts, lors qu'un Précepteur
couta moins qu'un esclave, & que le \*) dernier des Athéniens put être distingué par le
titre *d'homme de bien*, lorsque les couronnes
& les aplaudissemens furent prostitués aux ta-
léns

\*) Phocion.

lens futiles d'un Pantomime ou d'un joueur de flûte, & qu'on abandonna la tribune & les camps pour les Théatres, on pût y voir des Rhèteurs & des sophistes, *) plus de raison éloquente; cette Cité superbe périt avec ses moeurs, & ses moeurs avec ses grands Ecrivains; la gloire des lettres s'éclipsa avec la sienne, & les Muses s'envolérent vers un climat libre.

Ici la Grèce semble renaitre de ses cendres. Enrichie de ses dépouilles, maitresse du monde, & patrie de Rois égaux, Rome rassembla un moment dans son sein tous les efforts de l'esprit humain: ce moment fut comme à Athènes le dernier période de sa liberté & de sa grandeur:

Le Poëte philosophe disciple d'Epicure qui mit en beaux vers tant d'erreurs & de vérités immortelles, Lucréce ouvrit ce beau siécle

---

*) *Frequentius scénam quam castra videntes*, dit Iustin: Phocion reprocha publiquement aux Orateurs de voler les deniers publics.

siécle qui vit fleurir les lettres, & périr la république; tout Philosophe y fut Orateur ou Poëte, & aucun Ecrivain n'osa se dispenser d'être Philosophe: alors se renouvellent les miracles d'Athènes; Cicéron parait & Périclès est rendu au monde.

Le Citoyen d'Arpinum eut ses talens, mais non pas son cœur, son ascendant sur ses concitoyens supérieur aux circonstances: il n'eut pas sa vigoureuse habileté, son génie entreprenant, son énergie républicaine qui résista à tout & en triompha. Orateur, Cicéron n'a de maitre que Démosthène; précisément parce quil connut mieux son art, & en préféra les prestiges à l'énergique simplicité de l'Athénien. Placés dans les mêmes circonstances, l'un fut le fléau de la tyrannie par l'eloquence la plus intrépide, l'autre en fut le flateur; tous deux excellents citoyens avec des caractères différens, ils périrent tous deux victimes de leur vertu & de leur zèle, laissants aprés eux d'inimitables monumens de génie qui ne périront point: Résumons

mons ce paralléle; Cicéron fut le plus philofophe des Orateurs, Démofthène le plus
éloquent.

O Pourquoi l'auteur des Tufculanes, le
vainqueur des Parthes, ne fut il pas l'ami de
Cefar! pourquoi faut il que les convulfions
de la liberté attaquée & defendüe ayent fépa-
ré deux grands hommes, deux Orateurs,
deux Philofophes, deux Capitaines! Parmi
les bienfaits fans nombre que nous devons à
l'union des arts & de la raifon, pourquoi ne
pouvons nous compter l'amitié? Ha! nous
n'y compterons plus le bonheur de Rome,
fon indépendance, & le moment qui lui donnera des fers en donnera de même à la penfée.

Lorsqu'un tyran fans courage & fans
mœurs eut profterné les vainqueurs de l'univers à fes pieds fouillés du fang des profcrits,
lorsqu'il voulut racheter fes crimes par des
jours de paix & de luftre, & qu'il appella auprés de lui la Poéfie & les Beaux Arts; il dé-
ftruifit fans retour ce bel alliage de la raifon

&

& du talent, caractère des ecrits folides.\*)
Arbitre du bon goût, Auguste encouragea
la plus criminelle flatterie; il récompenfa ce
lâche Horace, qui proftitua un beau génie
au panégyrique continuel d'un fcélérat fans
talens *rendu doux par la cruauté laſſée*, il eut
tremblé aux vers de Lucain qu'il eut puni.

La vérité éloquente avait illuftré Rome
de brique, elle s'exila de Rome de marbre; &
celui qui la laiſſa de marbre la laiſſa à une
*bouë paitrie de fang*.

Sous les régnes abominables des fuc-
ceſſeurs d'Augufte vengeurs de l'univers, &
fléaux d'un peuple avili qui fefait leur apo-
théofe, deux Génies attirent nos regards,
c'eſt Lucain, & Tacite.

Victime d'un entoufiafme républicain, &
digne d'être né un fiécle plutôt, le premier

---

\*) Quintilien dit que Mecène avait un ftyle mou &
recherché; c'eſt ce qu'on reprocha aux plaidoyers de
Tibère, & aux vers d'Ovide & de Properce.

osa reſſuciter en vers mâles la liberté expirante, & demander fous le regne de Néron le pretexte de la fervitude des Romains; plein de la faction qu'il avait chantée il voulut délivrer fa patrie du monſtre qui l'opprimait, & les gens de lettres de leur méprifable rival: il expia par fa mort fon talent & fon courage, mourut comme il avait écrit, en Romain.

Le fecond élevé aux emplois fous Veſpaſien, refpira la liberté fous un regne heureux: fon ame forte ne fe corrompit point dans les dignités, il diffimula fes principes fous Domitien; & cacha ce caractère energique & fage, incapable de mendier la faveur d'un tyran, & de lui offrir une victime par un zèle inutile. C'eſt dans le tems où Domitien récompenfait fans le favoir le mérite d'un honnête homme, que le cœur oppreffé de Tacite verfa des pleurs fur la patrie, & travailla à transmettre à la poſtérité fon indignation & fes plaintes: Forcé de vivre au milieu des fatellites de Domitien, entouré

de

de délateurs & d'esclaves, il apprit tout le manége infame & ténébreux de la bassesse qui se vend au crime & pour le crime, les artifices des courtisans d'un prince abhorré, & les ressources moins profondes qu'on ne le pense de la méchanceté toute puissante. Tacite peignit tout ce qu'il avait vu; il jugea des regnes passés par celui qu'il avait sous les yeux, & s'il n'a peint que de méchans hommes c'est qu'il n'avait pû voir de citoyens: si l'on osait croire que sa haine vigoureuse pour le vice exagéra quelquefois les atrocités dont il fut témoin & les forfaits qu'il démasqua, si l'on croit possible de calomnier Tibère & Néron, ce défaut même serait un titre; Tacite occupé de flétrir la servitude & de dénoncer l'usurpation, servait l'humanité & sa patrie en décharnant ses blessures jusqu'au vif: jamais on ne pensa plus & plus fortement; jamais livre ne renferma plus de recherches profondes, de causes & d'événemens; jamais la vertu & la vérité n'auront de plus éloquent vengeur, & cette plume mélancolique qui avait distillé tant de

fiel

fiel & d'inftructions fe préparait à les célébrer: fon ame repliée tant de fois fur des horreurs voulait fe foulager par l'hiftoire de Trajan & de Nerva. *Rara Temporum felicitate ubi fentire quæ velis & quæ fentias dicere licet.*

Le fort avait donné à Tacite un contemporain digne de lui, un confident qui aprit fes principes, penfa en philofophe, & ecrivit en poëte; Pline le jeune fut celui à qui Tacite ouvrit fes douleurs patriotiques & communiqua fon ame. Il fembla que les lettres & la profpérité fe ranimaient fous le régne heureux du meilleur des Empereurs: Rome revit des républicains & du génie. On fait que la fociété de Pline était celle d'Helvidius Priscus, de Plutarque, de Juvenal, de Suétone, de Tacite. Quand on vit la vertu fur le Trône apeller auprés d'elle l'amitié, lui confier les premières dignités, & charger du bonheur d'une partie de la Nation l'Elève de Quintilien & l'émule de Cicéron; le panégyrique d'un Prince fait par une

main

main élégante & fidéle n'être qu'une histoire, on dût espérer des jours de liberté & de talent. Mais l'ascendant de Rome esclave l'emporta: Littérature, Philosophie, Eloquence, Beaux arts, tout alla s'engloutir avec la vertu, les mœurs, & le patriotisme, dans le cloaque de Bizance; réceptacle des abominations de tout genre, des plus déplorables sottises de l'esprit humain, & dont les ordures toujours teintes de sang rappellaient aussi peu l'ancienne Rome que les Cardinaux & l'intronisation.

Quel tableau que celui des descendans des Fabius & des Scipions instrumens & victimes du despotisme le plus sanguinaire & le plus fou! on vit l'humanité flétrie sous les chaînes s'abimer dans les immondices des disputes schismatiques, la raison sans empire, la vertu sans culte, l'état sans citoyens, les noms d'Arius, de Priscillien, d'Eutychés, substitués à ceux de Caton & de Trajan; dans cette longue suite de meurtres, d'empoisonnemens, de parricides, de détrônemens, de guerres

guerres sacrées, de méprisables controverses toujours étouffées dans le sang, & y renaissants toujours, d'impudens Rhèteurs, d'Empereurs sans courage & sans decence opposants aux ennemis de l'état des sectaires, & s'occupants de leur jargon beaucoup plus que des conquêtes du nord, dans cette affreuse anarchie de huit siécles que MAHOMET II termina, il n'est plus parlé que d'une science, la Théologie scholastique ; aliment du plus misérable des peuples, & dont les inintelligibles absurdités fesaient retentir les écoles, & les Palais des successeurs de Marc Auréle, tandis que nos rustiques Ancêtres sortis des forêts où ils avaient été enchainés, se jettaient sur leurs maitres divisés par le dogme, & abrutis par les vices.

Réfléxion affligeante & terrible ! les plus nobles travaux de l'homme ont à subir un dépérissement, & une destruction à craindre : l'intelligence a donc ses bornes, & elle ne résiste pas plus que les empires à la corruption des mœurs, & au despotisme qui dévore tout ! l'é-

cole

cole des vertus est donc aussi celle des talens! que ceux qui disputent à la liberté & à la sagesse d'être les nourrices des lettres, jettent les yeux sur les annales du Bas Empire; qu'ils nous disent si la pensée se passe du spectacle des grandes choses pour déployer sa pénétrante activité, & si la superstition ne hâte pas la vieillesse de l'esprit humain. Conséquence éternelle quil faudrait graver dans nos places publiques, en sorte que tous y lussent que les bons Gouvernemens font les grands hommes quand les grands hommes font les gouvernemens: que le fanatisme & l'oppression, des mœurs corrompües & des vertus négligées, sont les chancres rongeurs qui gangrénent la vérité, le génie, les opinions, & par contagion les loix & les coutumes, sous lesquelles croulent enfin la puissance la plus absolüe, & la plus affermie prospérité.

Détournons nos regards de ces siécles d'opprobre & de malheur qui virent les irruptions des Gots, des Vandales & de cent peuples dont les noms sont à peine connus désoler l'Italie, & reléguer dans les monastères les lettres éxilées de Constantinople.

Depuis les ouvrages de St. Prosper & de Sidoine Apollinaire dernière etincelle de Poéfie dans l'Europe, jusqu'à Charlemagne qui ne favait pas lire, on ne voit plus qu'une fuperftition fanatique, des moines pour littérateurs & point de livres. Si le brigandage des barbares se ralentit, celui des violences féodales, des guerres de religion, & des ufurpations ultramontaines lui fuccèdent: l'infortunée poftérité de Charlemagne anéantie en Italie meurt miférable en France; toules lumières s'éteignent au dixième fiécle, & l'Europe refte barbare jusqu'au moment que les cendres de Cicéron & de Virgile firent revivre l'ancienne Grèce.

C'eft aux romances Provençales que l'Italie dût le premiers jours qui éclairérent les ténébres épaiffes de l'occident. (12) Les livres fe recherchérent, la langue naquit & s'épura; dans le tems que la frénéfie des Croifades enfeveliffait quatre cent mille Français en Orient, que l'on bégayait dans les Gaules

un

un jargon corrompu de ce celtique que l'Empereur Julien difait reffembler aux hurlemens des bêtes, que toutes les Belles Lettres etaient des Poëmes barbares en langue Romance éxilée dans le midi, Pétrarque illuftrait déjà l'Italie par fes poéfies immortelles où refpire tant de philofophie & de fenfibilité, & dont l'élégante délicateffe fait aprés quatre fiécles l'admiration & le charme de tous ceux qui favent aimer.

Enfin cette profonde obfcurité fit place à l'aurore du fiécle de Louis XIV, & le regne de François I fut l'heureufe époque où l'on commença à écrire & à penfer. (13) On revit de la fcience, d'habiles fcoliaftes, une langue, & des vers : mais quelle diftance de ce demi favoir au goût & au génie ! quelle littérature que ces querelles oubliées, d'univerfités contre univerfités, de pédans contre pédans, du Péripatetifme contre Ramus, & de tous contre le fens commun ! il fallut qu'un Prince éclairé força ces eaux corrompües par la rouille de douze fiécles de barbarie à changer de lit & à fe purifier. Entre les bienfaits de
fon

son goût, on comptera sur tout la défence de traiter les affaires publiques dans une langue morte, & de deshonorer les Tribunaux en les rendant les organes de cet idiome ridicule demi latin demi français, lambeaux hideux d'un cadavre à qui François I, rendit la vie.

Que d'obstacles pour y parvenir ! le Théâtre du fanatisme & de guerres civiles, quel séjour pour les lettres naissantes, & quels vestiges gothiques jusqu'à Montaigne & Malherbe ! on avait eu des Poëtes, point de philosophie, d'éloquence, de goût, d'invention : Toute l'Europe etait pleine d'universités où le plus dégoutant galimathias consacrait une érudition fastidieuse, & un étalage scientifique qui recouvrait les diamans mutilés de la Grèce & de Rome dans des torrens de fange : une misérable habitude de citations etouffait celle de penser ; tout etait ou commentateurs occupés de ramasser de passages disparates dans le cahos des in folio, ou scolastiques argumentans éternellement aux prises sur des énigmes métaphisiques, & des subtilités en

divisions

divisions & subdivisions désespérantes pour le Logicien & l'esprit net.

C'etait au milieu de tous ces stratagêmes de la médiocrité, de cette intemperance de savoir, de ce jargon erudit que parla bien ce Grotius qui a si rarement pensé (14) & qui éternisait les disputes & l'ignorance, que la raison captive brisa ses liens, & s'élança vers la cour de ce Monarque dont le siécle brillant éclipse la gloire à qui l'adulation nuisit en l'éxagérant.

Au souvenir de ce siécle où la nature a tout produit & tout en grand, l'admiration se reveille; l'on revoit toujours avec une étonnement mêlé de joye, à côté d'un des plus grands Rois, des Ministres les plus sages, de Généraux dignes de Rome, & sous les yeux de la Cour la plus magnifique, le génie encouragé par les récompenses apporter aux pieds du trône qui le couvrait de son ombre, les plus beaux fruits des Lettres & des Arts.

On

On peut attribuer cet admirable assemblage au concours des forces de la nature, & le siécle de Louis XIV, est son chef d'oeuvre; si l'on respecta sa puissance, c'est que la grandeur de ses effets l'avait fait aimer.

Que nous sommes loin de tant de gloire nous qui comme l'a dit le plus célébre de nos Ecrivains, *raisonnons sur le génie du siécle du génie!* Oui, sans doute ces merveilles ne se renouvellent pas, mais elles peuvent en engendrer; c'est un fleuve superbe qui fournit des canaux & féconde les prairies qui s'en abreuvent. Osons le dire dans un discours consacré à l'éloge de la vérité; il manque à la pluspart des Ecrivains du siécle passé ce caractère philosophique source de belles idées, peut être peu de grandes choses, mais qui permet à notre pauvreté de se présenter en haillons au paralléle.

Pascal fut éloquent, il pensa fortement, mais eut il une raison bien épurée? ses Lettres Provinciales monument de vengeance,

d'esprit

d'esprit & de goût n'en font pas un de génie, parce que ses travaux ont de tout autres objets que des controverses de Moines: l'histoire de la destruction de ces Moines ne survivra pas même aux Provinciales; mais les ecrits du solitaire de Port Royal seront toujours cités dans l'histoire de l'éloquence.

Plus nombreux, plus maitre de sa langue, plus élégamment éloquent, plus nerveux, plus brillant que Pascal, l'Evêque de Meaux obtiendrait il des titres que nous refusons à l'auteur des Pensées? Bossuet fut un grand Orateur, grand Théologien, grand Historien même, mais d'autres furent tout cela & de plus Philosophes; si nous n'accordons la couronne du génie qu'à la raison éloquente ou poëtique, Bossuet seulement controversiste vigoureux, peintre energique & peu fidéle, crédule observateur & narrateur disert, est bientôt jugé: On lui reprochera comme à Boileau de ne pas instruire, & d'avoir été souvent le sacrificateur des préjugés comme le Poëte fut celui de la rime.

Boileau

Boileau eut un grand talent; fans philofophie, fouvent fans graces, une imagination laborieufe & burlesque, a donné à fes vers de la facilité & de l'élégance; mais non pas la langue des paffions, & l'éloquence du cœur: autant il y a de diftance du goût qui apprétie au génie qui produit, autant Boileau eft éloigné des caractères prétieux que nous donnons aux grands Ecrivains. 15)

Mais j'oublie l'inimitable Molière, peintre du cœur, des ridicules, le plus vrai des moraliftes, & le dernier comique: rien n'a remplacé fa manière, ni celle de ce fublime la Fontaine qui eut le génie de la naïveté, ni cet énergique la Bruyere dont le pinceau pittoresque a deffiné la nature humaine avec tant de fierté & de richeffes, modéle unique qui a fait naitre tant de méprifables copies: à côté, & peut être au deffus de ces trois hommes il en fut un qu'il fuffit de nommer, c'eft l'auteur du Télémaque.

Nous ne verferons point ici de pavots fur fa tombe fraichement couverte de fleurs;

(16) nous demanderons seulement si son génie seul dans la balance ne fixerait pas le contrepoids, si le Télémaque a eu des modèles & des imitateurs, si l'on retrouvera cette ame sensible d'où émanaient avec tant d'onction les préceptes de la plus sublime morale, & les peintures du goût le plus universel ? Quel est le peintre qui me rendra la grotte de Caiypso, la fureur d'une amante méprisée, Télémaque désséché dans sa fleur par le feu d'une passion terrible, comme Fénélon ? Qui aura une éloquence plus simple, plus attachante, plus dramatique ? Est ce la même plume qui fit les descriptions mélodieuses de l'isle de Calypso, & le gouvernement de Salente ? O qui peut prendre le Télémaque & le quitter ! quelle foule de sensations il inspire, & surtout combien de vertu ! c'est dans cet ouvrage du plus intéressant des auteurs que la philosophie du cœur fait verser tant de larmes. Ah ! si jamais un peuple heureux rustique & simple, se lassait de l'innocence, de la paix & des plaisirs des champs, s'il voulait jamais changer
ses

ses montagnes où sont la vertu & le sommeil tranquille contre notre misère revêtûe, nos orgueilleux préjugés, & devenir méchant par système ou par nécessité; il faudrait l'assembler, & lui lire cette admirable & touchante description de la Bétique, où la vertu épuisa tout ce qui peut la rendre aimable, & où le cœur de Fénélon se délassait en célébrant les principes du bonheur des Etats.

Cet homme rare qui n'était peut être pas de son siécle fut méconnu. Fénélon méconnu! & par Louis XIV! il vit sa vertu persécutée, ses talents contredits, il fut jugé dangereux: Il n'appartient donc pas en entier aux tems qui l'ont vû naître; ceux qui l'ont le mieux senti sont donc ses contemporains; en proposant son éloge, la première Académie de l'Europe s'est approprié sa gloire, & l'Eloquence a redemandé pour un âge philosophique, & replacé entre Montesquieu & Voltaire l'instituteur d'un excellent Prince, & le plus vertueux précepteur du genre humain.

Toutes

Toutes les richesses des B. L. & de la langue avaient été developées, il restait à les employer, à appliquer sur des desseins philosophiques le coloris des Racines & des Bossuet.

C'est ici un mérite inestimable du dernier siécle; il a ourdi les vêtemens dont le nôtre a paré la raison. Accordons ici quelques momens d'attention à nous mêmes, à nos propres triomphes, à notre lustre littéraire déjà terni; c'est humer l'odeur expirante d'un parterre dont les fleurs se fanent, & ne laisseront dans quelques jours entre nos mains que de la poussière.

Le génie en s'écartant de la carrière que les ecrivains ont parcourue, a bien senti qu'en s'y enfermant il resterait toujours derrière, & que s'il obtenait de suivre les traces des vainqueurs, il ne pourrait jamais les atteindre. Il a découvert de nouveaux rapports dans sa destination; des mœurs à peindre, des siécles à caractériser, des préjugés

F    sans

sans nombre à extirper, des loix à réformer, une Iurisprudence criminelle à créer, des droits de la société à définir & à défendre, des penchans à analyser, des caractères dramatiques à approfondir & à refondre, des sciences à simplifier, une multitude de sensations présent fait aux ames sensibles, & dont la plupart des hommes ne sont pas susceptibles ; à faire apercevoir, le goût à suivre dans ses jugemens, le fanatisme trainant Calas & le Chevalier de la Barre sur la roue à terrasser, (17) les querelles dogmatiques à avilir, l'art de raisonner & la spéculation à rendre séduisants.

Age de philosophie voilà l'espace immense que tes efforts ont mesuré ! Deux hommes apportèrent les premiers dans les B. L. un goût observateur & logicien: la Motte & Fontenelle en corrompant le style relevèrent la raison ; le premier eut plus de talent que de génie ; il écrivit sensément des traités & des tragédies ; rempli de pensées, il ne l'est jamais d'images, son imagination

dida-

didactique ne se passionne jamais, & se refroidit en s'épurant; il fit des odes sans entousiasme, des fables avec beaucoup d'esprit, des drames sans poésie, des dissertations avec beaucoup de finesse & de dialectique;

Ce Philosophe eut un rival qui l'outragea bassement, parce qu'il avait plus que lui du sentiment & des pensées. Rousseau crut faire disparaitre la gloire de la Motte sous ses rimes, son oripeau mythologique, son vers poli, & ses stances Pindariques; mais la Motte est resté avec Inés, sa poëtique, ses prologues, & beaucoup de goût, pour l'instruction de ceux que Rousseau amuse.

Sans avoir saisi plus que la Motte le lien de la philosophie & de la poésie, Fontenelle dans son style précieux étouffa la raison sous la finesse, comme les erreurs du Cartésianisme sous une imagination gratieuse: il eut l'esprit philosophique, mais non pas le cœur; ce qui lui fit le faux talent d'une ame réfléchissante qui déguise son insensibilité sous les ressources

sources de l'esprit; il aurait gâté la littérature, s'il n'avait eû des contemporains qui l'ont épurée.

Et parmi eux on se rappelle avec reconnaissance le Tacite des Français. Trop ingénieux pour être toujours vrai, ses erreurs même sont devenues des objets de méditation & font penser: les plus profondes perceptions ne sont souvent que des des traits dans cet Ecrivain pénétrant; il ne creuse pas, mais il voit d'abord; & les plus riches découvertes de MONTESQUIEU sont dûes à son imagination: Avec beaucoup d'étude, d'expérience, d'observations, & de finesse, il acquit une fléxibilité de génie qui lui assura d'étonnans succès dans la science des hommes & des loix. Il connut tous les rapports des sociétés entr'elles, & de chaque société avec ses membres; il developa tous les ressorts qui les meuvent, les conservent & les détruisent; il en fit appercevoir la texture la plus déliée, & jusqu'aux plus imperceptibles dérangemens: d'autres avaient fait des compilations, MONTESQUIEU le propremier fit la Iurisprudence des Etats, & découvrit l'or dans la boüe du droit civil.

Quiconque aura eu le trifte courage de méditer les fyllogismes inhumains des Machiavel, des Hobbes, des Grotius; de fuivre ces ennemis mèthodiques du genre humain dans leurs affreufes décifions qui légitiment l'esclavage, l'affaffinat politique, & cette horrible raifon d'état prétexte de tous les crimes, rendra dans l'amertume de fon cœur un hommage à l'auteur de l'efprit des loix, comme à la Divinité tutelaire qui a enfeveli ces Géants du despotisme fous fa fagacité victorieufe. (18) Ses écrits toujours plus goutés, plus utiles, & plus critiqués parce qu'ils deviennent plus efficaces, affureront à nôtre fiécle une partie de fa gloire, & aux Lettres Françaifes l'étendue de leur domination. On dira de MONTESQUIEU ce qu'on peut dire d'un fi petit nombre d'auteurs, c'eft que le talent de fa diction éloquente & ferrée eft la plus faible partie de fon mérite littéraire.

Mais pourquoi le compatriote de Montaigne arrête t-il nos obfervations & nos éloges?

nous sommes entourés de grands hommes & la raison hésite sur le choix. Auquel la postérité décernera-t-elle les triomphes de la Philosophie & des B. L. ? Sera-ce au Chantre de la nature, qui a cru en découvrir les secrets en rendant ses beautés avec entousiasme, & qui a envelopé tant de systêmes dans les richesses d'une belle imagination ? plus Poëte que Phisicien, qui surprend plus qu'il n'attache, & qui a fait presque disparaitre ses descriptions dans des tourbillons de Rhétorique,

Sera-ce à ces deux Philosophes qui ont concourû à tous les genres de gloire, qui après avoir illustré toutes les muses ont reüni leurs attributs, & présenté l'Encyclopédie à l'Europe étonnée ? monument digne du siécle de ses auteurs ; dont leur génie était comptable, & à qui il n'a manqué que des coopérateurs rivaux des d'Alembert & des Diderot.

Sera-ce enfin à cet Ecrivain fameux qui a presque fait taire l'envie de son vivant ; exemple

emple unique! et qui repose une tête octogénaire sur des roses, entre les muses & l'amitié? ce n'est pas à ma faible voix de se mêler au cri unanime de l'Europe qui le célèbre, à mon obscurité de prétendre à la lumière en touchant aux rayons de gloire qui l'illustrent: mais je consacrerai mes regrets & ma reconnaissance à votre souvenir; j'en offrirai le tribut à l'Aigle qui voulut bien quelquefois descendre jusqu'à moi, suivre les pas de la tortue, & animer ma jeunesse. Emule des triomphateurs dans tous les genres, il les a presque tous surpassé; il a atteint l'excellence de la Poësie & de la Prose, la fécondité à la précision la plus lumineuse, & il est possible d'opposer VOLTAIRE à tout un siécle. Il est le seul Ecrivain dont on ne puisse définir le genre: c'est celui de tous les Poëtes fondus ensemble dans un moule qu'il a pétri: il en est sorti une statue qu'ébaucha Corneille, que Racine contourna & dont il fit une Vénus de Médicis, que Crébillon fit grimacer pour lui donner des chairs, & dans qui l'auteur d'Alzire a soufflé la vie: Boileau forgea des vers,

Racine en modela, VOLTAIRE en créa. Protée dans sa verfification, tous ses caractères de théâtre ont une harmonie qui leur est propre; & on ne peut croire que le même homme ait donné aux discours de Zamore & de Zayre un rythme aussi différent: c'est cette empreinte d'originalité, cette éloquence des vers, cette multitude de passions & de peuples connus, contrastés & mis en mouvemens, cette morale des bons cœurs devélopée avec tant de sentiment & de goût, qui laisseront VOLTAIRE entre les siécles passés & ceux qui vont suivre, comme l'Achille d'Homère entre les Grecs qui ne peuvent remuer sa lance. Arons \*), Zamore, Idamé, Zopire, Indatire, sont sans génération. (19) Rien ne succèdera à cette immortelle Tragédie de MAHOMET, le plus pathétique des drames,

---

\*) Je défie qu'on trouve jamais un Acteur en état d'aprétier & de rendre l'imposante finesse, & la dignité adroite d'Arons : c'est le caractère le plus fini qu'il y ait au Théâtre. Si l'on pouvait en rapprocher quelque chose c'est Catilina séduisant César.

*Des destins de la terre il s'agit aujourdui,*
*Et César souffrirait qu'on les changea sans lui!*

drames, le plus éloquent plaidoyer de la vertu contre la fourberie d'un perfécuteur; où le fanatisme découlant du fang paternel a tracé en caractères pittoresques la plus effrayante leçon à la faibleffe, & épouvanté l'intolérance par l'atrocité même de fes fuccès.

Deftinée à être en tout la rivale de la France, l'Angleterre lui oppofe le langage enchanteur & moral, de Pope, d'Adiffon, du ténébreux Young, & furtout du Philofophe Hume: Elle lui oppofe ce fenfible & profond RICHARDSON qui a donné tant de vie à la morale, tant d'intérêt à la vertu, tant de larmes au malheur, tant de couleurs touchantes & vrayes aux affections, aux peines, aux vices du cœur humain: ce pathétique Philofophe a mis en action tout ce que d'autres mettent en maximes: \*) & fes romans font
une

---

\*) Grand talent qu'a trop négligé l'Auteur de la nouvelle Héloïfe; l'ouvrage le plus finguliérement difparate, dont les Héros oublient fouvent qu'ils font a-
mans

une glace où la nature voit son image dans toutes ses situations; Comme l'Iliade, Clarisse & Grandisson nous rendent nos faiblesses, & les scènes du monde dans leur belle simplicité, & leur détails fastidieux pour l'esprit frivole; c'est une suite de Drames qui n'amusent pas la curiosité par des événemens multipliés, mais dont l'action sans tours de force, sans incidens, par le fil des caractères donne au cœur une émotion durable, & où la plus sublime instruction n'est que la science d'attendrir. O RICHARDSON ! je dirai de toi ce qu'on a dit des lettres de Cicéron, *si je tombe dans le malheur tes livres seront mes consolateurs & mes Amis.*

Voilà, MESSIEURS, comme à l'universalité des talens, nous avons dû la perfection du goût, & les lumières utiles qui ont aidé

la

mans ou amis, pour devenir des régens de philosophie. C'est une mosaïque dont les couleurs sont vives, mais mal assorties - - - - - j'oublie en écrivant ceci que j'essuye encore mes yeux d'un mouchoir humide des larmes que ce Roman m'a fait répandre.

la Poésie dans une langue sans inversions, sans mouvement, sans passifs, sans synonimes, embarassée de circonlocutions, & de verbes auxiliaires qui énervent la diction, avec peu d'ellipses, & encore moins de ces mots composés qui facilitent la magnificence des vers. Lumières qui n'ont pas même laissé d'asyle à l'ignorance dans les provinces remplies de sociétés littéraires, (20); qui ont dégradé le savoir sans philosophie, & séparé dans toute la France les hommes en deux classes, les lettrés & les barbares. (21)

L'influence de la Philosophie se montre, par tout elle triomphe; elle venge le commerce du dédain barbare dont des esprits superbes & peu patriotes osaient l'avilir, elle ressucite l'éloquence d'Athènes & de Rome, pour la défense des peuples & celle de l'autorité; elle raproche les hommes en détruisant les illusions de l'amour propre; elle console l'agriculteur qu'elle instruit; relève cette classe utile, en ne lui fésant plus sentir que la main d'une administration bienféfante; soulage les

besoins

besoins publics sans fouler les citoyens; multiplie les arts, & fait germer l'abondance dans nos villes de marbre, où nous croupissions autrefois sous des toits de paille paitrie de terre grasse.

Que les déclamateurs qui insultent avec tant de hauteur cet âge d'urbanité, de mœurs paisibles, de grands crimes contenus, de loix perfectionnées, daignent descendre du Tribunal d'où ils nous jugent. Que comparants l'univers instruit à l'univers féroce, ils daignent un moment introduire Catinat, ou St. Germain dans ces contrées changées en vastes déserts; où un peuple faible & paisible foulait l'or qui nous subjugue, & où végétent aujourdui accablés de fers, de misères, & d'opprobre, les restes malheureux des Américains. "Gardez, auraient ils dit aux victimes
„ plaintives des Cortés & des Pizarre, Gar-
„ dez vos feuilles & votre simplicité, trésors
„ du sauvage: ce n'est ni votre liberté, ni vos
„ haches, que nous venons ravir; nous ne
„ vous demandons que de partager une opu-
„ lence

„lence, que votre frugalité vous rend inuti-
„le; ce n'eſt pas votre univers que nous ve-
„nons déſoler, & nôtre commerce ſera aſſés
„fatal à vos mœurs & à votre bonheur ſans
„que nous faſſions acheter nos vices & nos
„beſoins par le carnage." Ils euſſent parlé
comme Alvarés, & l'Amérique tombée à
leurs pieds y eut apporté ſans peine ſes ri-
cheſſes. Reculons de trois ſiécles la conquête du nouveau Monde; il recevait des
amis, non des monſtres avides: Onze Millions
d'hommes lui étaient conſervés.

C'eſt à l'aide de l'art d'intéreſſer le cœur
à la vérité que la Philoſophie s'eſt fait entendre aux maitres du monde, diſpenſateurs des
biens & des maux, dans un ſiécle d'or & de
fer. Elle a renverſé toutes les barrières en-
ſanglantées qui les ſéparaient de leurs ſujets;
& des Princes humains par inſtinct n'ont plus
beſoin de devenir cruels par principes. On
ſait qu'au lieu des mépriſables reſſources de
la Politique & du menſonge, il eſt un art de
gouverner les hommes adoucis, rendus ſen-
ſibles.

fibles, & fur qui les bienfaits peuvent tant : que fi rien n'excufe la méchanceté fur le Trône, rien n'en foutient plus l'éclat que les vertus d'un particulier dans le cœur d'un Roi.

Eh! à qui fes effets fublimes paraîtraient ils plus frappans qu'à vous, MESSIEURS, gouvernés par un Prince qui s'eft dédommagé du malheur de regner, en devenant le premier défenfeur de fes fujets ; & de qui la poftérité remarquera, que l'humanité qui fupplée à toutes les vertus & fans laquelle il n'y a point de vertu, fut pour lui un fentiment ufuel, une habitude, & jamais un devoir.

Pour un Etranger qui a vu ailleurs tant d'établiffemens rifiblement importans, d'utilité fyftêmatique, & de loix atroces ; les places publiques de nos villes de luxe & de boüe, chaque jour arrofées du fang & des larmes des perturbateurs de l'ordre public ; l'inhumanité calculer arithmétiquement les fupplices, & multiplier l'art des fouffrances ; les plus petites fautes cruellement punies, précipiter

le

le coupable dans les grandes; une foule de malheureux à qui les loix ayant enlevé les reſſources de l'innocence n'en ont plus qu'à la perdre; & qui trainés à des ſupplices auſſi barbares qu'infamants, épouvantent de leur déſeſpoir, & non pas de leurs remords, les hommes de ſang qui les y conduiſent. Quel ſoulagement de contempler ſous les auſpices d'un ſouverain compatiſſant & juſte les grandes routes reſpectées, le voyageur dans la ſécurité, les grands crimes à peine connus, les citoyens tranquilles & les peines utiles; la procédure criminelle un appui donné à l'innocence ſans être un chatiment proviſionel; la mort des coupables accordée de loin en loin à la Société ouvertement attaquée, & le juge ſuprême qui la confirme déſirer comme Néron vertueux ne ſavoir pas écrire! alors nous nous tournons le cœur ſerré de douleur vers nos climats où la vertu en paroles laiſſe ſouffrir les hommes, & nous accuſons avec amertume nos verbiages diſerts qui n'ont jamais fait un malheureux de moins.

Pa

Par quelle fatalité funeste arrive t-il qu'avec tant de philosophie, il y a si peu de philosophes, une morale si prouvée & tant de désordres? je l'ignore; mais c'est un préjugé contre nos mœurs que le génie a pû rendre polies sans les rendre bonnes. Il n'est que trop certain que les tems de décadence approchent; que rassasié de beautés le goût se blase, en sorte que la ligne méridienne de nos découvertes est déjà dans l'ombre. Il n'est que trop vrai qu'à la suite de la corruption politique, de la cupidité, du luxe, de l'abondance, les lettres se corrompent; les talens se dégradent, le sentiment s'émousse & se perd; le travail fatigue des esprits énervés par une vie epicurienne, & les efforts coutants à la pensée, elle tombe dans l'inertie; tous ses ressorts se relâchent, leur élasticité se détruit; aux grandes idées succède le bel esprit qui est dans les mots: *alors*, comme l'a dit le fils du grand Racine, *l'esprit devient commun, parce que le génie devient rare.*

Autant

Autant est constante la force qui roule les astres sur leur orbites dans des distances invariables, autant est irrésistible celle qui entraine les chefs d'œuvres de l'intelligence avec les époques de leur perfection; la plus belle preuve qu'on l'a atteinte, c'est qu'on la passée. A ce terme, ou l'esprit philosophique rétrécit la sensibilité, rend la critique dure, maniérée, puérile; étouffe l'intérêt sous la sécheresse des discutions, ou le bel esprit devient philosophe. C'est à ce degré de chûte qu'il est malheureusement prouvé que nous sommes descendus. Orgueilleux des succès de leurs dévanciers, & animés par une émulation funeste, les Auteurs se sont multipliés comme les sables de la mer: de-là cette foule d'esprits imitateurs sans idées, recouvrants celles d'autrui d'un style usé, rapsodique, sans liaisons, cachants leur stérilité sous un luxe de saillies, de traits, ou sous un jargon métaphysique qui met en maximes le sentiment quintéssencié ; c'est le caractère d'une littérature qui sort de la barbarie, & de celle qui y retombe, est de rechercher cette sorte d'esprit qui n'est que du galimathias, toujours occupé de discuter gravement des riens, ou de mettre en riens des choses graves. (22) Comme on ne pense plus on mutile les lettres : de là les Dictionaires, les Essais, les Abrégés, & tout ce cahos de sciences en morceaux qui facilitent l'étude des hommes du monde devenus hommes de collége, & des hommes de colléges devenus hommes du monde.

Poëmes, Romans, Drames, Histoires, tout devient des paysages mignards où l'afféterie conduit le pinceau ; l'art d'aplaudir un roman ou de décrier une femme, succède à la manière des Fenelon & des Duclos : un assaut d'épigrammes, des épisodes sans bon sens & sans fin, des esquisses prétieuses de

nos

nos mœurs manquées, à celle de MOLIERE: (23) des atrocités dialoguées, des drames de grêve, des piéces Vandales écrites d'un style forcé, antigrammatical, inintelligible, viennent soutenir la gloire d'un Théatre où montérent CORNEILLE & VOLTAIRE. (24) O LOUIS XIV! O COLBERT! si l'on eut présenté à vôtre bienféfance éclairée les monstreuses puérilités de nos jours; & nos imitations de l'anglais, nos boucheries théâtrales, nos brochures de toilette, nos farces outrageantes contre les Philosophes, & nos traités de physique ecrits du style des métamorphoses d'Ovide, vous en eussiez condamné les sublimes & innombrables auteurs, à passer un boisseau de millet dans le trou d'une aiguille. (25)

Mais pourquoi s'épuiser en plaintes, sur une décadence aussi nécessairement inévitable?

table? pourquoi exigerait on des fleurs de l'Automne, & oublie t-on que tel est le sort de la nature qui végéte, croît, & meurt? Nous tombons dans la léthargie; quelques hommes rares ne sont point encore endormis sur les pavots dont le bel esprit nous infecte, & avec eux disparaitront le goût & l'invention, abandonnés à une populace d'esprits faux.

Dans ces circonstances le vrai Philosophe s'isole, & préserve son incorruptibilité de la contagion; ennemi du vice, mais sans faste, il sait échaper à nos mœurs & au mauvais goût; il croit la vérité plus respectable que la mode, ses vertus & ses pensées ne sont ni celles de l'usage, ni les préjugés de son état: loin de ces esprits lâches qui pensent sans courage, & seul arbitre de ses principes, il repousse également l'emportement du zèle & les sophismes de ces esprits in-

for-

fortunés qui ne voudraient pas qu'on crût qu'il eſt un maitre à qui les maitres du monde ſont comptables des malheurs des peuples; doctrine des cœurs durs *) qu'il eſt malheureux de croire, & détestable de prêcher.

*Si les Cieux dépouillés de leur empreinte auguſte,*
*Pouvaient ceſſer un jour de le manifeſter,*
*Si Dieu n'exiſtait pas, il faudrait l'inventer.*

Dans le ſein des Beaux arts & des plaiſirs de la nature, le Philoſophe ſe ſouvient que la leçon de la vertu eſt la dette du génie; que les lauriers des gens de lettres ne germent que de leurs cadavres, que les inſectes bourdonnans auprès du mérite périſſent ſans qu'il les regarde. Alors après avoir conſacré

---

*) Le cœur qui n'aima point fut le premier Athée. *Vers heureux* de Mr. MERCIER.

sacré son tems à la vérité, sa plume à la patrie, à la jeunesse qui doit la défendre, à l'amitié qui nous console, & à la postérité qui nous juge, il voit une nuit tranquille suivre un beau jour, & ses derniers mots sont ceux de Caton. *Nec me vixisse pœnitet, quoniam ita vixi, ut frustra me natum non existimem.*

NOTES

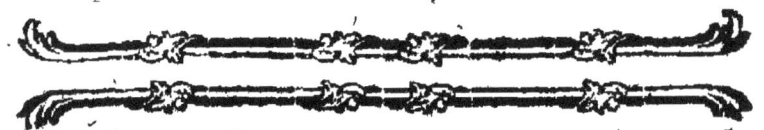

# NOTES
## SUR LE
# DISCOURS PRECEDENT.

**P**ag. 30. (a) La Poéſie deſcriptive & paſtorale comme la plus ancienne eſt la moins épuiſée; cela ne paraitra point un paradoxe à ceux qui ſavent qu'elle eſt auſſi la plus difficile pour les habitans des villes: il eſt riſible de voir l'imagination glacée d'un Epicurien enſeigner ſur un Sopha à labourer la terre, ou faire aimer ſes bergers comme il aime une danſeuſe. Je ne connais point d'ouvrages plus froids & d'un ton plus ridiculement faux que toutes les Eglogues Françaiſes, excepté celle de Mr. Mangenot. Il eſt certain que l'entouſiaſme *paſtoral* eſt particulier; il eſt le plus facile à l'illuſion, celui qui fatigue le moins l'imagination, & qui décrit avec le plus de vie: ce n'eſt pas des Poëtes pour chanter la nature qui nous manquent, mais des cœurs aſſez neufs pour la ſentir, & j'oſerai bien aſſurer que St. Lambert & Thompſon ont ſouvent dit dans les villes, *o rus quando ego aſpiciam!*

Une des reſſources de nos Poëtes des champs, c'eſt d'oublier la campagne dans leurs deſcriptions; ils placent à la ſource d'un fleuve, un Philoſophe qui chante ce que ce fleuve va voir dans les villes.

Malgré Mr. Clément & sa tragédie conspuée, il est permis de regarder les Géorgiques de Mr. de Lisle, & les Saisons, comme les seuls ouvrages de ce genre qui ayent honoré notre siécle. Les saisons du C de B. etaient de charmans tableaux mythologiques, mais trop fleuris pour être champêtres: le Poëme de Mr. de St. Lambert est donc original, très utile sans être didactique, très touchant sans épisodes forcées, & très amusant par des tableaux variés sans descriptions chargées: c'est ce qu'a dit toute la France, excepté trois ou quatre hommes qui ne sont pas de l'avis de la France.

La nature n'est point pittoresque aux environs de Paris, elle n'est que jolie; & la différence de nos descriptions aux paysages de GESNER & de HALLER, naît de celle des bords de la Seine aux glacières de la Suisse, & à ses forêts de sapins.

Nous serions bien tentés de regarder comme des Romans pastorals un peu secs, il est vray, tous les systèmes qu'on fait à Paris depuis quelques années pour apprendre aux Gascons, & aux Picards, ce que c'est que des *avances améliorées*, & qu'ils sont opprimés par la *classe stérile des mandataires du souverain*.

Il est vraisemblable que les fermiers de l'Auvergne & du Berry n'entendent pas ce style hiérogliphyque, & qu'ils n'ont jamais songé pour faire croitre du bled, à s'informer s'ils etaient des *hom-*
*mes*

*mes disponibles* qui donnaient à la puissance publique un revenu *spécial*, & si leur *propriété mobiliaire* ou *foncière* etait *fructifiante*. Il serait également impraticable de faire entendre aux Gouvernemens les ordres que leur donnent ces philosophes qui veulent à toute force faire secte. Quel est le ministre d'Etat d'un esprit un peu clair qui comprendra, malgré les lettres Italiques, ce que c'est que la *loi naturelle attributive du droit de jouir* de toutes les propriétés, soit *foncières*, soit *mobiliaires*, soit *personnelles*; & la loi naturelle *prohibitive d'attentat & d'usurpation* sur ces propriétés. \*) La difficulté de s'initier à la langue sacrée de ces impénétrables corollaires ayant rebuté les boulangers & les hommes d'état, on s'est arrangé pour parler d'engrais & de mouture à la toilette & au Faxhall; cette épidémie agromane a même gagné jusqu'à l'Opéra bouffon; j'en appelle au triste & moral Drame des Moissonneurs; il est vray que cette méthode apocalyptique n'est pas celle de l'Ami des hommes le seul philosophe dont le cœur ait parlé de politique. *O imitatores &c.*

Pag. 42. (1) CHARLE IX a fait un Poême sur la chasse, & entr'autre son épigramme si connüe contre Ronsard: pourquoi les lettres n'adoucirent elles pas son naturel feroce, & celui de Dénis, de Néron, d'Attila, de Tamerlan? c'est que l'ostentation seule fit leurs établissemens & leurs ouvrages.

---

\*) Exposition de la loi naturelle par l'abbé Beaudeau Nr. IX.

ges: Rien n'égala leur impéritie finon leur infame jaloufie, & leur efprit de prétention:

De tous les defpotifmes, il n'en eft point de plus revoltant que celui qui veut faire admirer des chofes méprifables; il demande à la fois le facrifice de l'amour propre, du bon fens, de la franchife, & de la liberté; auffi doit-on regarder comme des héros ceux qui ont eu le courage de réfifter aux volontés d'un fot tout puiffant: j'aurais préferé de faluer le chapeau de Grisler à applaudir fes vers;

Il n'etait pas du fiécle d'Augufte, le lâche Philofophe qui cédait à Adrien dans fes difputes littéraires, parce qu'il commandait trente légions. Cet Empereur avait toute l'infolente tyrannie d'un Grand bel efprit, qui fe croit littérateur parce que fes valets de chambre & fes courtifanes le lui apprennent.

Dion rapporte qu'Adrien s'avifa un jour de critiquer les ouvrages de l'architecte Appollodore; *va peindre des courges*, lui repliqua l'architecte, *car tu n'entens rien à ceci*: Parvenu à l'empire, il fe fouvint de cette injure, & le fit mettre à mort: *propter admiffa fcélera*.

Le comble de l'opprobre, c'eft qu'il y ait tant de raifonneurs titrés fans goût & fans génie, qui ne feraient pas capables de produire quatre lignes d'un ftyle fuportable, & qui avec quelques applaudiffeurs parafites critiquent à leur table les grands
ecri-

ecrivains; c'eſt une aſſemblée de ſinges qui grimacent les attitudes des lions.

Grace à l'Abbé Dangeau qui avait quatre mille verbes conjugués dans ſon porte feuille, l'Académie Françaiſe eſt reſtée libre & ſans Honoraires: c'eſt une République littéraire dont aucun des citoyens n'échangerait ſon indépendance contre des penſions. On ſe ſouvient du mot de Patru à la réception du ſucceſſeur de Conrart. *Mrs, un Grec avait une lyre admirable, il ſe rompit une corde; au lieu d'en remettre une de boyau il la remit d'argent, la lyre perdit ſon harmonie.*

Page 45. (2) S'il etait quelque habitué de paroiſſe, ou quelque répétiteur qui me prouvât que j'ai tort parce que Boſſuet & Kircher ont raiſon, s'il ſe joignait aux gens de collége polis & très aimables qui ont déjà démontré que les Egyptiens etaient auſſi policés que les Pariſiens, puisqu'ils appellaient les étrangers barbares, & qu'ils ſe croyaient ſouillés en les touchant; s'ils nous diſaient que ces Français des bords du Nil devenaient quelque fois antropophages, préférants en tems de famine de ſe manger à manger des animaux, \*) ils avoüeront que cette Religion n'etait faite que pour des gens ſobres & un peu durs, quoique très policés d'ailleurs.

Diodore

\*) Diod. de Sicile L. 1. p. 75.

Diodore de Sicile nous apprend un des réglemens de cette police admirée: il etait ordonné à tout particulier de déclarer les moyens qui le fesaient vivre fous peine de mort. Dieu fait comme nos cervelles s'échaufferaient, fi quelque Amateur Egiptien allait afficher dans nos carrefours cette ordonnance de Planteur à fon Négre.

Si l'on fe donnait la peine inutile de comparer les paffages contradictoires des Hiftoriens de l'Egypte, on fâcherait fans doute la préfomption de ceux qui écrivent aujourdui leurs annales d'antiquités fur les mémoires des Capucins ou des Mouffes.

On leur demanderait, par exemple, comment Thèbes pouvait faire fortir un million de combattans, & 200 Chariots armés; ce qui fuppofait d'aprés le calcul de Mr. de V, au moins 6 à 7 Millions d'habitans; & comment felon Hérodote *) & Diodore de Sicile **), l'Egypte avait dix huit mille villes, feulement fept millions d'habitans, & quatre cent mille Soldats. †) Il eft douleureux de voir l'eftimable & point philofophie ROLLIN copier ces inepties, & appeller les Egyptiens un peuple Sociable & reconnaiffant, parce qu'il deifiait fes Rois: fi l'on fe rapelle ce qu'etait ce peuple & fes Rois, on trouvera cette affertion bien burlesque; & plus burlesque encore, que Mr. ROUSSEAU ait reproché aux lettres d'avoir rendu efclave ce peuple courbé
fous

*) L. 2. C. 177. **) Diod. L. 1. P. 27. †) Her. L. 2. C. 168.

fous la plus infame fuperftition, & l'ignorance la plus invincible.

L'Hiſtoire des Egyptiens, & celle de beaucoup de nations auſſi ſottement dupes ſans le croire, rapellent ces muletiers qui s'agenouillent dévotement devant les Faquirs Turcs qui ſe proſtituent à leurs mules.

Rollin s'extafie ſur ce que cette aſſociation de Rois initiés & de Prêtres fourbes a ſoutenu le Gouvernement d'Egypte. *C'eſt le peuple*, s'écrie t-il, *qui a le plus long-tems conſervé ſes uſages;* voilà un beau mérite d'avoir trouvé le ſecret d'être eſclave, méchant, & malheureux, pendant pluſieurs ſiécles.

C'eſt avec la même ſagacité qu'il juge les Egyptiens ſavans parce qu'ils avaient des bibliothéques. Oui; il y en a eu auſſi à Fez, à Tunis, remplis de colléges, & dont il n'eſt jamais ſorti que des Pirates.

Défions nous de l'impertinence crédule qui croit les prodiges de l'ancienne Egypte ſur la foi de Paul Lucas; voyageur véridique qui, comme on ſait, avait vû le ſerpent ſéducteur d'Eve enchainé vers Memphis.

Page 48. (b) J'ignore ſi l'on a traduit en français le manuſcrit envoyé de Pékin à Londres par un Gentilhomme Anglais, au Comte de ***.

Il fut trouvé au Thibet par un Mandarin que l'Empereur Iontchin députa extraordinairement au Dalaï lama pour lui demander des ouvrages en langue Thibétienne: celui dont je parle qui est intitulé *Economie de la vie humaine* fut attribué à la Chine, à Confucius, & par d'autres à un ancien Bramine; c'est un traité poëtique de la loi naturelle: ce livre sublime est de plus écrit simplement; point d'enflure, d'hiperboles Orientales, d'incohérentes descriptions; toutes les comparaisons en sont sages, bien ménagées, on y peint le Theisme avec une grandeur, une élévation majestueuse digne de Dieu & de l'humanité.

Page 48. (c) Pour se convaincre de la vérité du volontaire sacrifice des Indiennes, il faut se rappeller entre plusieurs traits, celui dont Ladi Russel fut témoin, & qui est raporté dans les *Evenemens Historiques du Bengale* du Philosophe patriote Holwel.

Vne jeune & belle veuve de 17 ans, malgré les remontrances de sa famille & des Bramines; les sollicitations de Ladi Russel, & les larmes de ses enfans, voulut être brulée sur le corps de son époux; elle menaça même de s'arracher la vie, & de mourir de faim si on lui refusait un bûcher. On cèda à cette héroïque & funeste résolution; le Gouverneur de Casambazar accorda la permission, & la jeune Veuve accompagnée d'une foule de monde, se fit bruler avec la plus grande tranquillité.

Page

Page 49. (3) Un Philosophe Indien apprit à un Roi l'art de gouverner dans une partie d'échecs : *si le Roi est pris, la partie est perdue*, lui dit il ; *mais elle ne le sera pas moins, si le Roi laisse prendre les pièces qui le défendent.*

Page 49. (4) Tout l'Orient a eu des symboles réprésentatifs de la nature : les Syriens avaient attribué l'origine de toutes choses *à l'amour du beau ;* ils disaient que leur Astarté qui est la Vénus des Grecs, l'Isis des Egyptiens, & la Nature des modernes, avait aimé Thamus, qui veut dire *perfection ;* l'auteur savant & persécuté *de l'origine des principes religieux*, a eu raison de trouver cette fable plus ingénieuse que nos peintures de Diables habillés en singes cornus.

Page 52. (5) Le plus bizarre système que l'amour du neuf ait enfanté, est celui de Mr. BROWN sur l'origine de la Poésie : il veut que les premiers maitres du Tasse & de Corneille aient été les Missouris, qui dans leurs sauts, leurs rugissemens & leurs sons martials, conservaient une harmonie, & formaient un composé de danse, de musique & de Poésie. Ainsi, selon Mr. BROWN, l'Opéra est depuis longtems le spectacle familier du lac Erié. Il est un peu hardi, ce me semble, de donner ces plaisanteries comme des Origines reconnües de ces trois arts ; & d'assurer sur les descriptions impertinentes du P. Lafiteau, que les fêtes des Iroquois ressemblent à *l'Europe galante*: il serait ■ement moins ridi-

ridicule de dire, que les Drames d'aujourdui font des spectacles de Caraïbes.

Page 52. (6). Combien est philosophe cet Homère, dont l'inimitable Poëme renferme autant de caractères que de Héros, autant de genre d'éloquence que de caractères, autant de situations différentes que de personnages en action. Quelle immense suite de tableaux dans la même passion, & combien de passions ! on dirait que c'est d'après l'Iliade qu'Aristote a dit que le Poëme épique ne devait être qu'une tragédie en récit : On trouve dans Homère une abondance, & une flexibilité qui suit les convenances dans l'expression même la plus brusque, & en apparence la plus disparate ; la nature qui n'y est jamais altérée, rend les transitions de ses discours admirables, & les approprie toujours à l'âge, aux faiblesses, aux grands intérêts des ses Héros. Quelles nuances frappantes, entre Chrysés, Priam, Nestor, & Phénix ; entre la colère d'Achille menaçant les Hérauts qui viennent enlever Briséïs de laisser périr les Grecs, & celle d'Achille devant Agamemnon ! la valeur d'Ajax n'est point celle de Diomède, la douleur d'Andromaque celle d'Hécube, la douleur de Priam celle d'Hector couché sur la poussière, & conjurant Achille de rendre son corps à ses parens.

Quelle éloquence attendrissante à la mort de Patrocle, dans le silence effrayant & pathétique de son ami, rugissant comme une Lionne à qui on a
enlevé

enlevé ses petits, se roulant dans la poussière & s'arrachant les cheveux; dans cet Antiloque *qui lui tient les mains, & pleure avec lui.* \*) Dans le Vieillard Priam, *qui baise ces mains homicides qui lui ont tué tant de fils! souvien toi de ton père, Achille, il est du même âge que moi, aye pitié de moi, Achille, & souvien toi de ton père;* & ce Héros impétueux qui n'ose le repousser mais qui *l'éloigne doucement.*\*\*) BOUCHARDON dont on connait l'entousiasme pour HOMERE par un bon mot, l'appellait le *Poëte des peintres.*

Page 52. (7) Solon mit ses loix en vers. Dracon fit un Poëme de trois mille vers intitulé *upotècai* les préceptes. VIRGILE nous a transmis au IV livre des Géorgiques, un précis des vers dorés de PYTHAGORE; servons nous de la belle traduction de Mr. De l'Isle.

„Dieu circule par tout, & son ame féconde
„A tous les Animaux prête un souffle-léger;
„Aucun ne doit périr, mais tous doivent changer.

Page 53. (8) Et c'est nous, qui avons mis en vers les turpitudes de nôtre oisiveté, & les folies épidémiques qui désolent le goût, nous, les admirateurs de Ramponeau, des Pantins, de l'Opéra Bouffon, & de toutes les niaiséries consacrées dans le *Trésor* du Parnasse, qui osons taxer de barbarie
des

\*) L. XVIII. \*\*) LXXIV. apoçatō èca.

des hommes qui chantaient nos devoirs & nos vertus.

Page 54. (9) Le Philosophe Empedocle physicien, historien, & moraliste, fit aplaudir aux Jeux Olimpiques son Poëme sur les préceptes de la morale, & le culte des dieux.

Page 57. (10) C'était le Philosophe Anaxagore; un de ces sages sans superstition qu'il faut joindre à la liste nombreuse de victimes des fripons zèlés; cet Epicurien qui avait renoncé à son patrimoine pour la philosophie, & qui avait formé Périclès à l'éloquence, & à la religion de la vertu, fut accusé d'impiété, & condamné à mort par contumace: ce n'est pas, comme le dit Diogène de Laërce, pour avoir appellé le soleil une *matière en feu*; mais pour avoir enseigné la vritété sans mélange de mensonges absurdes: Grâce à quelques souverains philosophes, les libellistes de nos jours qui défendent les bonnes mœurs & la divinité pour avoir du pain, ne sont pas parvenus à faire manger leurs serpens à l'Aréopage;

Page 66. (11) C'est sûrement avec quelque raison que j'apelle poëte philosophe, un jeune homme de vingt sept ans qui a trouvé, décrit les causes de la servitude de sa patrie, & pensé avec une force qui remplit son poëme de grandes idées. Qu'on lise sur tout au premier chant, cette esquisse achevée de la corruption politique de Rome; où après avoir

avoir developé les caufes civiles & générales de la difcorde, il ajoute.

> *Sed publica belli*
> *Semina, quæ populos femper merféré potentes:* les dépouilles du monde, le luxe, le dégoût de la frugalité, les champs défrichés par Camille & Curius devenus l'appanage de maîtres inconnus, tous les crimes de l'indigence, *Et concuſſa fides, & multis utile bellum.*

Il n'y a pas dans tout ce morceau un vers indigne de Virgile & une penfée que Tacite n'eut avouée.

Je ne fais pourquoi on s'opiniâtre à reprocher à Lucain fes flatteries : Peut-on raifonnablement fuppofer adulateur un homme dont Néron fut jaloux, qui confpira contre lui, qui écrivait prefque fous le glaive de fes bourreaux, & dans un âge où rarement on louë fes maitres.

*Cum domino pax ifta venit; Duc Roma malorum*
*Continuam feriem; clademq in tempora multa*
*Extrahe, civili tantum jam libera bello.*

> *Poft prælia natis*
> *Si dominum Fortuna dabas, & bella dediſſes!*

*O decus imperii! Spes o fuprema fenatus!*
*Extremum tanti generis per fecula nomen!* (BRUTUS.)

Quand on parle avec cette hardieſſe ſous Néron, *il faut* dit très bien Mr. MARMONTEL, *s'attendre à mourir jeune*. De touts les ſarcaſmes qu'on a prodigué à cet Académicien à propos de Lucain, il réſulte que de froids beaux eſprits ne ſont pas des têtes Romaines, & quil faut plus que le génie des épigrammes pour apprétier un martyr de la liberté. Quoi qu'il en ſoit, ſi VIRGILE eſt le poëte des hommes de goût, LUCAIN eſt celui des républicains; & j'avoüe qu'il ne doit être lû que par ceux qui ont une patrie libre à defendre ou à chérir.

Page 72. (12) Le Languedoc & la Provence avaient leurs Troubadours, ſucceſſeurs des Bardes, & dévanciers des Confrères de la Paſſion, du Prince des ſots, des Clercs de la Bazoche, des drames bourgeois, & des tragédies en proſe que de ſavans littérateurs nous promettent. Les Troubadours étaient des hiſtrions ambulans, chantants des romances accompagnées d'un orcheſtre de village, & qui dans la ſuite furent dignes de chanter les jugemens de la *Cour d'Amour*; le célébre RAIMOND IV Comte de Provence qui fut le Médicis de ſon ſiécle, raſſembla auprés de lui ces Romanciers, qui célébraient dans leur ſtyle naïf les amours & les exploits des Paladins. CHARLE d'Anjou ſon ſucceſſeur & ſon héritier, porta à Florence le goût de la galanterie & des romances.

Les Poëtes Provenceaux feſaient des vers pour leurs maitreſſes, & pendant toute leur vie: vers
l'an

l'an 1390, ALBERTEL laiſſa ſes vers à un Ami pour les remettre à ſa Dame aprés ſa mort; celui ci les donna à un Poëte d'Uſes qui les fit imprimer ſous ſon nom, & fut condamné au foüet pour plagiat. *Voy Noſtradamus vie des Poëtes Provenceaux.*

Page 73. (13) Homère & tous les Poëtes Grecs furent inconnus juſqu'à la fin du quinzième ſiecle; le fanatiſme s'éleva contre ceux qui les étudiaient; & un Religieux (qui, dit on, eſt reſcucité au Puy en Velai), s'emporta juſqu'à dire en chaire que la langue nouvelle apellée Grecque *enfantait toutes les héréſies.*

En 1547 parut la fameuſe ordonnance de Francois I. qui défendait *d'inſulter Ariſtote.*

Page 75. (14) "Nous eumes longtems neufs ,, muſes; la ſaine critique eſt la dixième qui eſt ve- ,, nüe bien tard, dit l'Apollon qui a oſé le premier lui donner rang au Parnaſſe.

Tant que ce fut un ſacrilège de regarder dans l'arche des univerſités, & de ne pas reſpecter les Profeſſeurs en *us*, on n'oſa pas dire que le Traité de GROTIUS ſur la guerre & ſur la paix, était un vieil habit recouſſi avec des antiquités Grecques & Romaines, & une inintelligible diatribe contre l'humanité & la méthode.

Ceux qui se vantent d'entendre cet étrange livre aussi bien que ses tragédies, & conséquemment de l'admirer, sont invités à nous expliquer les définitions, & les passages suivans, pris à l'ouverture.

"La guerre est l'etat de ceux qui se battent ,, avec une violence qui les rend tels. Chap. I. Para- ,, graphe 2. le Droit est ce qui est juste; & il se di- ,, vise en droit qui conduit, & en droit qui egale ,, Parag. 3.

,, La qualité morale se divise en parfaite qui est ,, la *faculté* & en moins parfaite qui est *l'aptitude*; cet- ,, te dernière s'explique par *Aristote & Michel d'E- phèse* Parag. 4 & 7.

C'est à la suite de ces définitions que Grotius pose ce qu'il apelle des *principes*, lesquels sont très lumineux.

Dans le même chapitre, il établit la différence du droit naturel aplicable aux animaux, avec le droit des gens, d'après Hésiode, Plutarque, & Lactance.

Au Paragraphe XII. il démontre le droit naturel *à priori par la convenance d'une action avec une nature raisonnable & sociale*, & *à posteriori* par *l'assentiment d'une nation à une vérité*, le tout sur l'avis de *Sénèque*, *d'Héraclite*, & *de Porphyre*.

De

De même, au Chapitre second, il ne raisonne point pour prouver le droit de la guerre ; il cite Cicéron, Lucréce, Ovide, Galien ; il résume de ces passages *que nous avons droit à nôtre conservation ;* ce que personne n'eut deviné sans ce fatras de citations. Parag. I.

C'est encore dans cet indéchiffrable galimathias qu'il prouve la légitimité de la servitude, par une distinction du droit " que nous avons de ne pas „ naitre esclaves, & celui que nous n'avons pas d'ê- „ tre toujours libres." Argument impertinent qui n'est qu'une pétition de principe, puisqu'il fallait avant démontrer qu'on peut sans usurpation nous dépouiller d'un droit naturel : après cela, sur l'autorité de St. PAUL, & d'ARISTOTE, il recommande aux esclaves *d'être bien content de leur condition, & de ne point chercher à en sortir* L. 2. Ch. XXIII. Parag. XI.

Dans toute cette énigmatique rapsodie, on ne trouve qu'un seul paragraphe contre les horreurs de la guerre ; & encore ce n'est pas GROTIUS qui les décrit, ce n'est pas lui qui les a pensées ; c'est Plutarque, St. Augustin, & Maxime de Tyr.

Au livre troisième, chapitre quatre, on trouvé une déraison inhumaine à faire frémir : on croirait que c'est un Cannibale qui a écrit ces horreurs scolastiques sur un monceau de crânes : d'aprés Euripide, GROTIUS consent *à faire tuer par tout où on les trouve* les sujets des Princes en guerre, comme ennemis. Parag. VIII.

Ces verbeuses atrocités vont jusqu'à rêver le droit *d'egorger les enfans & les femmes*: il dit cela, en passant, *cæterum ut ad rem redeam*, puis il joint le blasphême à la barbarie; il ose attester en preuve le massacre des Hesbonites, des Cananéens, & de tous les peuples mis à l'interdit par les Hébreux: il atteste le Psalmiste, qui *félicite celui qui écrasera sur la pierre les enfans des Babiloniens*; comme si des exceptions momentanées aux devoirs de la loi naturelle, ordonnées par Dieu lui même, & pour des vûes pleines de sagesse qui ne paraissent atroces qu'à notre faible conception, pouvaient avoir quelque rapport avec les guerres des peuples que Dieu n'a pas choisi, & qui ne sont pas comme les Juifs pour ainsi dire à ses ordres.

Etait-ce à un Avocat de Delft de confondre les voyes de la Providence avec les maximes des Prussiens, & des bas Bretons s'égorgeants pour quatre sous par jour, & de discipliner par le droit divin ces héros profanes?

Mêlant les Grecs aux Hébreux, Homère à la Bible, & l'absurdité à la démence, il prétend que les Grecs & le Romains avaient *ce droit des gens* des serviteurs du Dieu fort, puisque *Pyrrhus tua Priam*, & que Germanicus dans la guerre des Marses *n'épargna ni Sexe ni Age*. Id. Parag. IX.

Obser-

Obſervons que lors que GROTIUS étend ſon *droit* de maſſacre aux femmes, aux enfans, aux cap„tifs, à ceux qui veulent ſe rendre & qu'on ne veut „pas recevoir, aux otâges, ce n'eſt jamais des argumens, mais des autorités qu'il employe; & l'on voit au moins que ſa raiſon obſcurcie par l'école, n'etait pas complice des horreurs inſenſées que tranſcrit ſa plume.

Tel eſt en général le fameux livre de ce GROTIUS ſi vanté que Mr. Formey apelle un *génie véritablement divin;* dans ſon hiſtoire de la Philoſophie qui n'eſt pas la Philoſophie de l'hiſtoire. Pour moi qui ne ſuis qu'un Allobroge du mont Jura, quand on me feſait lire ce traité *du droit de tuer*, je croyais beaucoup plus que c'etait l'ouvrage d'un Houzard ſerf, que celui d'un Hollandais: Permettra t-on à cet Allobroge d'obſerver, qu'à la reſerve des excellens articles de Mr. le Chevalier de JAUCOURT dans l'Encyclopédie, les ſeuls traités paſſables de droit naturel ſont de deux Suiſſes; Burlamaqui, & Watel.

Page 78. (15) Il eſt bien ſingulier que Mr. de la Dixmerie dans ſes deux âges du génie & du goût, où l'on ne trouve que *paſſim* l'un & l'autre, préfére Vert Vert au Lutrin: il dit, que le *premier eſt ſupérieur par l'agrément du ſujet:* je ne voi pas comment les juremens d'un Perroquet mort ſur des dragées valent mieux que le Lutrin, dont le but eſt annoncé dans ce vers; *Tant de fiel entre-t-il dans l'â-*

*me des dévots!* Les rimes souvent jolies, trop souvent bouffonnes, & trop multipliées de Vert Vert, ne sont pas comparables sûrement au portrait de la mollesse, du lit du Trésorier, à cette foule de grotesques reconnus, & au combat des livres; Les plaisanteries du Lutrin sont presque d'un philosophe, & du meilleur comique: celles de Vert Vert sont un ingénieux badinage d'écolier: on ne sent pas peut être assez, combien il y a d'art dans ces importantes querelles de Prêtres pour un Lutrin qui les couvre, dans leur sainte animosité, & dans les ridicules de ces deux rivaux acharnés pour les misères d'un orgueil oisif, qu'on ne retrouve que chez les gens de leur état: il est certain qu'un persiflage qui apprend à se mocquer d'eux impunément est plus utile que les déjeunés de Vert Vert, & les Corbleu des bateliers de la Loire. Il est j'ose le dire un poëme supérieur à ces deux là, c'est *la boucle de cheveux enlevée*, de Pope: Ouvrage plus gai que le Lutrin, & plus spirituellement comique que Vert Vert.

Page 78. (16) Dans un ouvrage dépileptique, dans une facétie intitulée, *Rève s'il en fut*, où il parait que le bon sens de l'auteur est souvent très assoupi; on a avancé d'un ton tranchant, que *si l'éloge de Fénélon était ce qu'il devait être l'Académie ne pourrait le couronner.* Il est bien évident par l'ordre supérieur donné aux 40, & par leur courage aussi glorieux que celui de l'orateur, que le rêveur s'est trompé: c'est même beaucoup moins l'éloquence nombreuse & grammaticale de Mr. de la
HARPE

Harpe, que la noble hardiesse des coups de crayons avec lesquels il a rendu Bossuet, Mde. de Maintenon, & les devoirs des souverains, qui méritent des tributs : on sait qu'un savant Professeur en théologie a prouvé que Mr. de la Harpe était évidemment un Athée, puis qu'il osait dire, *qu'excepté dans les désastres de la nature, dans tout autre tems, si les peuples sont malheureux ceux qui les gouvernent sont coupables.* Mr. l'Abbé Maury a célébré dignement Fénélon en Orateur; Mr. de la Harpe a jugé en philosophe le siécle de Louis XIV.

Page 82. (17) Sous le regne de Louis XII, un écolier nommé Hémon de la Fosse, natif d'Abbeville, se persuada que la religion d'Homère, de Cicéron, & de Virgile, etait la seule vraye : le 25 Août 1503, il arracha l'hostie des mains du Prêtre en disant; *Quoi, toujours cette folie!* il fut arrêté, n'abjura point ses erreurs, & fut brulé vif aprés avoir eu la langue percée, & le poingt coupé: *voy Essais Historiques sur Paris T. 2.*

Cette conformité de catastrophe dans la même ville, pour le même objet, & de jeunes gens du même âge, est le fait le plus déplorablement étonnant. Quel usage, Grand Dieu ! de la puissance que les hommes ont remis aux hommes pour les défendre! les politiques sanguinaires qui ont crû corriger les jeunes gens se sont bien trompés ; ils leur ont arraché des larmes d'horreur, & allumé par leur imprudente inhumanité l'esprit d'indépendance, & la haine des vérités qu'on défend en assassinant juridiquement les
cito-

citoyens. J'en apelle aux étrangers qui ont poussé les hauts cris, qui ont répété après des Français, *que nous étions une nation frivole qui savait roüer & ne savait pas combattre;* Qui a donné le plus grand scandale ou un enfant indiscret, ou des juges qui le font périr dans les plus affreux supplices? la mort de l'infortuné Chevalier de la BARRE est un bien plus grand crime que celle de Calas; au moins dans celle ci, un juge peut alléguer d'avoir été séduit par des présomptions, & le cri public; dans celle là, c'est une indécence punie comme le prétendu parricide de Toulouse.

Obscurs fanatiques, qui du fond de vos tanières où vous rongez les os, & sucéz le sang des sages, aprenéz à *l'univers* que vous êtes les colomnes des mœurs & du culte; Phraseurs mitrés ou sans mitre, avec un capuchon ou sans capuchon, quand cesserez vous de faire des homélies sur la charité, pour aprendre que, *c'est au savant d'instruire & non pas au bourreau.* \*)

Page 85. (18) On ignore dans quel antre on a forgé les propositions suivantes qui se trouvent dans un livre éloquent, fait pour l'humanité, par un beau génie qui s'est souvent trompé.

„Les regnes de Tibère, Louis XI, & Fer-
„dinand le Catholique furent fortunés parce que
„leur

---

\*) Epitre au Roi de Dannemarc.

„ leur cruauté était *jufticière*, (mot dont il n'eſt pas
aiſé de voir le ſens) & qu'elle reſpectait les pro-
„ priétés. *)   Enforte que ces Princes étaient ju-
ſtes puis qu'ils égorgaient les hommes ſans les
voler.

„ Les Turcs ſont nos maitres en morale, en
„ jurisprudence & dans toutes les parties du gou-
„ vernement. (ce que ne croyent pas le Conſeil de
Petersbourg & le Comte d'ORLOW) Tom. I P. 110.

„ En reſtant diſperſée, l'eſpèce humaine ſe-
„ rait plus heureuſe, Tom. I. P. 215.

„ Déclarer des eſclaves libres à leur naiſſance
c'eſt les condamner à mourir de faim. T. 2. P. 268.

„ La ſervitude héréditaire eſt utile aux enfans. *Id.*
„ la Société ne ſubſiſte qu'à la faveur de l'iné-
„ galité, & la ſervitude eſt le poids dont il faut né-
ceſſairement accabler celui qui deſcend. P. 281.

„ Il eſt indifférent d'être ſervi par des manou-
„ vriers qu'on loüe, ou par des eſclaves qu'on a-
„ chéte; & il ferait heureux que nous en fuſſions
„ où en étaient nos pères, & où en ſont les Aſiati-
„ ques. P. 510.

„ La race humaine & la ſociété ne ſont pas
„ autre choſe que des troupeaux de brebis conduits
„ par

*) Théorie des loix civiles Diſcours Préliminaire P. 82.

„par des chiens; & qui feraient mangés des loups, s'ils levaient la tête contre leurs conducteurs. P. 511.

„Les déclamations qui combattent ces maximes sont vuides de sens, inutiles & même dangereuses. P. 512.

„Enfin il est infiniment plus sage & plus consolant de dire à l'homme, *souffre & meurs enchaîné, c'est là ton destin* &c. P. 519.

„Mr. LINGUET a sans doute voulu s'amuser par ces pasquinades d'Eunuque noir: s'il n'a prétendu (comme il serait ridicule de le supposer autrement) que d'égayer des choses sérieuses, & de regretter dans son style de comparaisons, que nous n'ayons ni muets, ni cordons ni Ilotes, cela est sûrement divertissant, & pourrait faire le sujet d'un Opéra Comique.

C'est avec le même ton énergiquement railleur que Mr. LINGUET nous a peint Tibère en petit maitre aimable; *las des affaires, se retirant à la campagne, jaloux de son repos & de sa gaité, ne se montrant plus qu'à des amis par qui il ne craignait pas d'être distrait, & passant sa vie dans des soupers agréables*, que *le calomniateur Tacite, & le méprisable imbécille de Suétone*, osent travestir *en ordures absurdes*, \*)

Conti=

---

\*) Revolutions de l'Empire Romain L. 2. chap. V.

Continuant dans le même goût son plaidoyer pour le fcélérat crapuleux, empoifonneur de Germanicus, il ajoute que Tibère avait à *gouverner un peuple né pour être libre;* que par conféquent, il pouvait *prendre des regrets un peu vifs pour des projets ambitieux, & ne pas balancer à facrifier les victimes que l'intérêt perfonnel paraiffait exiger.* \*)

Il n'y a qu'une différence entre cette belle morale & celle des voleurs de grands chemins; c'est que l'une conduit à la potence, & l'autre à un fceptre dégoutant de fang, qu'il est trifte de voir lécher par le fujet d'une monarchie.

Ce n'est pas, avoüe t-il, que ces maximes abominables foyent une *fuite du droit des gens bien aprofondi;* mais naturellement *toutes les violences font légitimes quand elles peuvent fe couvrir du bien public.* \*\*)

D'ailleurs *qu'importe à l'infortuné qui périt, de périr fur un champ de bataille, ou à l'échaffaud.* †)

Et de ce que Tibère ne facrifia que les rejettons des Scipions & des Brutus, de ce qu'il ne fit égorger que ceux qu'il pouvait craindre, de ce que les noms d'hommes obfcurs ne chargent point la lifte de fes victimes, il ne *parait* pas à Mr. LINGUET *que les peuples fuffent à plaindre fous fon gouvernement.* ††)

Ces

---

\*) Chap. VI.    \*\*) Idem.    †) Chap. VII.    ††) Idem.

Ces atroces singularités écrites de sang froid par un Avocat de Paris qui regrette gravement de n'être pas un serf Polonais, ou un sujet heureux du doux Tibère, ont été imprimées en mille sept cent soixante & sept, dans la patrie des d'ALEMBERT, des DIDEROT, des CHOISEUL, des MONTES-QUIEU.

Combien il est dommage qu'un Philosophe mâle, doüé de grands talens, & qui a dit beaucoup de vérités, ait sacrifié la décence, jusqu'à vouloir faire réüssir ces turlupinades Asiatiques. Je conviens avec lui que la République militaire des Turcs que nous apellons sottement despotique, apparemment parce que ses chefs ne peuvent défendre leur tête contre leurs gardes, n'eut jamais apliqué à la torture & sur la roüe un enfant qui aurait manqué de respect à un réquisitoire de Mr. JOLY de FLEURY en lisant un livre; mais j'aimerais encore mieux faire d'excellens mémoires à consulter, que de dresser des Fetfa, & cominander le Château Trompette que de me faire étrangler à Constantinople, aprés avoir senté le foüét de CATHERINE dans la Bessérabie.

Page    (19) C'est inutilement qu'on cherchera dans les vers difficilement élaborés de Racine, des vers d'instinct comme les suivans.

„Hélas que n'êtes vous le père de Zamore!

„On ne peut pas deux fois se donner en sa vie.

„C'est le faible qui trompe, & le puissant commande.

Et

Et ce mot vrai, sublime, terrible, de Mahomet, qui arracha une exclamation à Mr. le D. de L. V.

„J'en connais un puissant, (un Dieu) & toujours écouté,
„Qui te parle par moi.

„ZOPIRE.
Qui?
„M.
la nécéssité.

„Ton intérêt.

„Plus les nœuds sont sacrés plus les crimes sont grands.

„Pour qui ne les craint point il n'est point de prodiges;
„Ils sont l'appas grossier des peuples ignorans,
„L'invention du fourbe, & le mépris des Grands.

Dans cette tragédie des Scythes qui est au dessus de nos mœurs & de notre siécle, on trouve des vers inouïs. Quelle majestueuse simplicité dans l'exposition, dans le début du Vieillard Scythe auprés de SOZAME.

„Séche tes pleurs & parle,
„C'est moi, dit le Persan, de qui la main subjugua
„l'Hircanie.
„Pays libre autrefois.

HERMODAN.
„Il est bien malheureux.
„Il fut libre!

„L'appareil des grandeurs au pauvre est une injure

„Le pauvre n'est point libre il sert en tout pays.

I
On

On trouvera quelquefois ce style dans Corneille; on trouvera le, *devine si tu peux & choisi si tu l'ose*, & le vers plus beau encore de Phocas, *Martian, à ce nom quoi nul ne veut répondre!* mais le premier est-il le style des femmes de chambre, & y trouve t-on cette éloquence sage qui parle le langage des passions sans confondre leurs tons? Corneille peut-il être dit, avoir comme le solitaire de Ferney fait servir la plus belle Poësie à la plus vaste connaissance du cœur humain?

Personne ne baisse plus que moi les yeux devant les éclairs échapés aux ténèbres de Crébillon; Personne ne déplore plus qu'ayant eû l'art des catastrophes, il n'ait pas eû encore celui des épisodes, de la diction, & du sentiment; que sa terreur soit toujours séche, & qu'un Poëte qui n'est jamais tendre fasse rarement verser des larmes: mais le nerf de son style qui n'est point éloquent, deux ou trois caractères, le plan de Pyrrhus, & trente vers de Catilina ne sont pas à comparer par un littérateur de bonne foi à Rome sauvée; Oreste, & Sémiramis; il est beau à Mr. de St. LAMBERT d'avoir osé le premier dire là dessus ce que tous les étrangers pensent, ce que Paris n'ose avoüer par ton, & ce que nient des gens de lettres connus de l'univers, *de vers, de prose, & de honte étoufés*.

Page (20) On a disputé longtems sur les avantages & les dangers des Acadèmies. Pour éclaircir cette controverse, l'infatigable compilateur

d'un

d'un immense léxicon polémique imprimé à Yverdon fous le non d'Encyclopédie, rapporte à l'article *Académie* dans douze pages in 4° ce que pense Mr. FORMEY fur les Académies, & il prévient d'abord que celui ci *a traité la matière* en deux discours.

Il prouve d'abord cette utilité des fociétés littéraires de Caën, Bordeaux, & autres, par CONRAD III mort le 13 Février 1152 *puisqu'on s'entretenait de littérature à fa table*, par *l'Abbé Guibald* du *ton* duquel Mr. le Professeur nous coupe un *échantillon*, & par *Pic de la Mirandole* qu'il *loge aux petites maisons* parcequ'il *voulait concilier tons les théologiens*; ingénuité plaisante dans un Ecclésiastique.

Selon ces Messieurs, *Descartes est le père des Académies*: ils ne parlent que *de ses préceptes*, & *maintiennent que leur prix & leur efficace sont d'une évidence incontestable*. Mais, comme *il s'est effectivement trompé*, on doit dater une seconde révolution *entée, pour ainsi dire, sur la première, qui n'aurait pas eu lieu sans doute si la première n'avait précédé, mais qui ne laisse pas que d'être la plus importante & la plus décisive*; surtout depuis que *le domaine philosophique ressemble au Gouvernement féodal, & que le sceptre de la sagesse n'est plus une vraye marotte*.

Nos savans professeurs en refefant d'Alembert ajoutent à ces importantes observations *préliminaires, que l'entreprise de cultiver les sciences par compagnies a la même origine que les Etats & les hameaux;*

ce qui fait *un tableau riant* fut lequel le peintre aimable *se fait un scrupule de répandre des ombres:* mais, *au fond, & à parler franchement*, après Mr. de Maupertuis, & *l'Abbé Gédouyn*, *les causes qu'on en alléguerait sont moins dans les académies que dans les hommes, & 2° dans le cœur humain. Pour abréger*, laissons *l'homme tel qu'il est*, & livrons nous *à une idée de spéculation qui est permise à toutes les espèces du genre de ce sujet; ce* sera *toujours la question originaire:* Or *il faut distinguer, & ajouter le mot actuel à celui d'avantage;* alors on comprendra clairement que *l'ennemi* des Académies était *l'ignorance*, surtout, *si on saisit de nouveau deux points de vûe:* d'abord, celui de *l'ignorance privative*, & *en changeant de position, l'ignorance positive: l'ignorance positive* est venüe de ce que le *savoir était synonyme de la pédanterie*, &, ce nous semble, de ce que des feseurs de fatras rapsodiques sont synonymes de pédans sans savoir.

Si, par exemple, *Anne de Montmorenci, le Cacique ou pis encore, Mesdames de Sévigné & de Maintenon qui ne s'émancipaient pas au de là des bornes de notre thèse*, avaient lû le présent article des XXI & XXIV tomes des mémoires de l'Académie de Berlin, qui *demeure en deçà par rapport au savoir, & qui va au delà de certaines bornes circonscrites* par la méthode & le sens commun, ils n'auraient pas pris goût aux Académies dont Mr. Formey & son rédacteur auraient été membres; ils leurs eussent dit, „Mrs, au fait, la partie ne s'apelle
„pas

,, pas Scamandre, mais Michaut: paſſez nous la face ;, du Palais, entrons dedans: vous aurez beau dire pour *établir directement l'énoncé de la queſtion*, que Louis XIV *ne ſavait rien de rien*, que *ſon frère fe-ſait porter ſes heures dans la poche de le Tay*, & même, que *le Tay était non ſeulement ſon maitre de chapelle, mais encore ſon bibliothécaire*, vous *aurez beau diviſer le ſavoir en cent portions*, & le goût en infiniment petits, il ſera toujours à craindre qu'on n'en accorde que des portioncules indiviſibles à des Hercules de compilations : Malgré *Mr du* HAMEL *qui était certainement ce qu'on pouvait être de mieux de ſon tems*, & *Mr de* FONTENELLE *inondé d'un éclat de lumière.*

Ceux qui ſuppoſeraient cet extrait frauduleux peuvent recourir à l'article même. Il ne laiſſe pas que de ſurprendre dans un *dépôt des connaiſſances humaines;* c'eſt exactement la harangue de petit Jean.

*Nous allons travailler à juſtifier ce que nous a-vançons,* comme dit Mr. FORMEY, dès que nous aurons reçu le centième tome, où l'on trouvera une diſſertation poſthume de *feu Mr.* PLANTIN ſur les longueurs alphabétiques en ſtyle ſec, diffus, roide, & monotone.

J'oubliais qu'un ſavant du pays de Zug qui a appris le français à Yverdon ſe prépare à prouver qu'on ne peut écrire librement que ſous une Ariſto-cratie héréditaire plus politiquement despotique que

celle

celle de Venife, & que l'Encyclopédie refondue vaut bien celle des Jaucourts, des Marmontel & des d'Argis, puisqu'on y apprend comment fe font les fromages dans les petits Cantons, & que les Rúffes ont pris Bender, ce que n'avait pas pû favoir Mr. DIDEROT.

Cette querelle deviendra très intéreffante, furtout fi l'on peut trouver un hiftorien dans les environs d'Yverdon.

Nous invitons les gens de lettres Suiffes, Valaifans & Savoyards de fe joindre à nous pour une reimpréffion \*), en leur promettant de rétablir l'épigraphe fupprimée.

Et le raifonnement en bannit la raifon.

Il faut efpérer qu'alors nous ferons inftruits plus intelligiblement de l'utilité des Académies.

Page 91. (21) La Régence d'un Prince dont les penfées furent *de ce monde*, l'école de Sceaux, celle du Temple, les maifons de deux femmes célèbres plus refpectables par leurs talens que par leur naiffance, furent les pépinières de ce grand nombre de philofophes ifolés dont Paris eft plein, & qui ont contribué de leur retraite à étendre l'efprit philofophique.

---

\*) Ils ne manqueront pas de fupprimer les articles politico-hiftoriques de la Suiffe, les feuls de ce fade recueil qu'on life avec intérêt: fi l'on y défirerait quelques details de moins, on eft charmé d'y trouver de la philofophie fans fafte, des faits bien narrés, de l'exactitude fans aridité, & furtout du patriotisme fans emphafe.

Il n'est pas jusqu'à ces délassemens anacréontiques, ces productions légères d'une imagination de société, qui n'ayent fait des réputations; parce qu'à beaucoup de graces, d'Epicuréisme, d'aménité, elles ont joint souvent la morale du cœur, le tableau des mœurs, & des satyres du préjugé. Qui n'est, par exemple, voluptueusement attendri à la lecture de l'ode de Chaulieu sur Fontenai, à ces vers si touchans si philosophiques qu'il addresse à sa solitude?

„Muses qui dans ce lieu champêtre
„Avec soin me fites nourrir,
„Beaux arbres qui m'avez vû naître,
„Bientôt vous me verrez mourir.

Que de charmes, quelle fraicheur, quelle molle & tendre naïveté dans l'épitre à Claudine! dans les Poësies du C. de B, de St. LAMBERT &c.

Page 98. (22) C'est ce que savent mieux que personne, les Journalistes forcés de présenter au public le galimathias spirituel de nos poësies fugitives. On est étrangement surpris de la tournure pincée & de la facilité verbeuse qui succède à la délicatesse des Bernard & des Hamiltons: Quelquefois même ce ton prétieux est d'une roideur inexprimable, & d'une sécheresse à faire pitié. Voici un exemple de ces logogriphes dans les termes & le sens que l'on appelle de la finesse. Mr. le Mierre dans une Epitre au sommeil où il ne s'endort pas seul, fait tomber un lâche Zoïle dans le *marasme de l'envie.* Il reproche au sommeil en vers monosyllabiques que

„L'habitant des murs de Paris :
„En des tems de trouble & de *Schifme*,
„Dans son *lâche* sein fut surpris
„Par *la dague* du fanatisme.

Dans une Epitre à Mr. L. il *éclaircit la bile de Jean Jaques Rousseau de deux teintes*, & introduit

„Le *tien* le *mien*, le front *serein*,
„De leurs *calculs* brulants les listes,
„*Sourire* & se donner la main.

Ce qui rapelle le *Seigneur Présent & seigneur à venir* qui dans une fable de la Motte viennent tenir boutique chez les mortels.

Ailleurs il dit qu'il se sent assez *vivace* pour voir quelque jour ses succès: voici sa raison.

„Par les *vampirs* littéraires
„Le sage n'est point *amaigri*:

Dans une chanson qu'il croit du genre de Moncrif, il dit.

„*Lorsqu'on* vante ses *façons*,
„Ses beaux yeux, sa taille légère,
„Sa gaité, son talent de plaire,
„*Ce ne font point des chansons*.

De pareils vers devaient étonner la Dame aux façons. Au lieu de rassembler & de loüer ces puérilités insipides, les Secrétaires des muses ne devraient-ils pas en nettoyer le vaste clamar? admettre

tre fans difcernement aplaudir même les effais de ce genre, n'eft ce pas fe proftituer au mauvais goût, & corrompre les jeunes littérateurs qui perdent bien tôt l'habitude de penfer quand ils voyent réuffir des rimes enfilées?

De là tant de chofes fines & neuves, telles que le *Tabac*, la *revüe du Roi*, la *coutume de Paris en vers*, l'*Epitre aux pauvres*, & la *perruque* de l'abbé Aubert qu'on trouve à la fuite de la Pfyché de la Fontaine que Mr. l'Abbé a réformé: il faut avoüer que la Fontaine n'a rien écrit dans le genre des perruques.

Il s'eft élevé encore depuis quelque tems un genre monotone que fes auteurs croyent éclos des cendres d'Ovide ou de Tibulle: c'eft celui de tous ces petits poëmes didactiques ou erotiques, recueils de maximes empoulées, & de trivialités mythologiques: des gens de goût qui raifonnent puiffamment apellent cela, un genre *gratieux*; ils conviendront que ces graces léchées font des Gorgones dans les *fens*, les *bains de Diane*, *mes rêveries* &c.

Ajoutez que ces riens font furchargés de préfaces immodeftes & affommantes qui font des poëtiques ou des apologies. Il ferait bien à défirer que l'ingénieux Dorat voulut refifter à ce torrent didactique qui noye des verbiages dans les difcours preliminaires; fon excellent poëme de la dèclamation n'eft-il pas défiguré par fa profe trainante fur l'hiftoire rebattüe de cet art.

O Quand nous sevrera t-on de ces misères de petits soupés qui ne devraient être lûes qu'aux rüelles, jamais du public, & qui n'ont plus le mérite de la légéreté car l'afféterie sans esprit y tient lieu de gaité & de badinage.

Page 99. (23) Il serait peut être fort inutile de tenter de bonnes comédies, & d'attaquer les ridicules; ils sont si consacrés par un esprit gâté, & si difficiles à rendre plaisans devant un goût blasé: le *Persifleur* de Mr. de Sauvigny n'a point eu de succès parce que ce n'est plus un tort d'immoler quelcun à des impertinences.

Quant aux vices, Mr. de Champford dans son éloquent éloge de Molière a prouvé lui même, sans le savoir, l'impossibilité de les démasquer. "Répandre l'esprit de la société dit il, fut le but que "Molière se proposa: Arrêter ses funestes effets se-"rait-il un dessein moins digne d'un sage? verrait "il sans porter la main sur ses crayons cette jeunes-"se qui a perdu toute morale à quinze ans, toute "sensibilité à vingt, cette malheureuse habitude de "vivre ensemble sans avoir besoin de s'estimer." Avec des mœurs pareilles le Poëte Cynique serait bientôt détrôné \*), & Mr. de Champford sait bien quelles plates esquisses feront peut être oublier *la jeune Indienne*.

Cette touchante Comédie une des plus utiles du Théatre Français si nous etions plus attentifs à

nos

---

\*) La Nation demande un Poëte Cinique, qu'il paraisse, le trône est vacant.

nos senfations, qui devrait corriger ce préjugé cruel que les femmes sont des victimes faites pour être immolées à l'infidélité, & qu'il n'est permis de manquer d'honneur & de probité qu'à leur egard, préjugé qui blesse toutes les loix, la sainteté des obligations, la vertu, l'honnêteté, l'amour, l'autorité paternelle, préjugé flétrissant pour nos mœurs idolâtres d'un sexe faible & sensible, & que nos loix outragent, jusqu'à les priver d'une justice qu'elles ne refusant pas au dernier des hommes. Cette naïve leçon de droiture, de constance, est bien supérieure au *Marchand de Smyrne* du même auteur : Celle-ci à été faite pour le parterre, & la première pour les cœurs faibles que la mode peut corrompre.

Le Marchand de Smyrne est dans ce genre épisodique dont les Facheux furent le père, & sur lequel Poinsinet travailla les lourds croquis de *la soirée à la mode*: mais ce n'est pas là Molière ; il foudroyait un ridicule en cinq Actes, & nos Scènes à tiroirs présentent en un tous les ridicules.

Les vices & les travers épargnés, il a fallu faire parler l'esprit ou les vertus: la Comédie est devenue une suite de conversations antithétiques entre des gens du monde symmétriquement beaux parleurs, mais malheureusement incompréhensibles à tous ceux qui n'ont que du bon sens. Intrigue, vérité, comique, tout a été rejetté, pour cette bienséance guindée qui amuse des spectateurs ennuyés. C'est très à propos que ces spirituels intercoluteurs ne se font entendre qu'un acte, car, selon Mde. de Sévigné,

vigné, il n'est rien de plus sot qu'un homme qui a de l'esprit tout le jour.

Il en est de nos comédies comme de nos romans ; il y domine une décence glacée, & une dignité de costume qui en tue le naturel & la gaîté.

D'un autre côté pour égayer leur morale métaphysique les auteurs de nos drames soporifiques ont fait des romans dialogués. Pour rendre la vertu intéressante, ils l'ont toujours présentée sous une uniformité de malheur qui fatigue ; l'infortune est exagerée ou mal amenée, & le crime beaucoup plus incroyable qu'il n'est revoltant. On l'a dit très sensément, le tragique bourgeois, & encore plus le comique larmoyant est froid, & nécessairement ennuyeux ; il faut le soutenir par des épisodes invraisemblables, ou ses détails de tous les jours & nullement intéressans sont insuportables : rien de plus dégoutant que le tableau de la vie ordinaire ; & si vous en sortez, le drame sort du naturel : alors on a recours à cet échafaudage d'incidens, de maximes, de bavarderies pédantesques, d'intercoluteurs régens qui enseignent d'un ton emphatique des vérités usées, à des spectacles de Canaille dans le vray, des héros bourgeois dignes du gibet qu'on croit plus intéressants que Titus & Seïde.

Quelle manière plus aride que celle de ce drame du Déserteur où un Officier fait des homélies sur l'immortalité de l'âme, des moralités sans fin de Jenneval, & de toutes ces tirades épuisantes que les Acteurs du jour préférent à Corneille ?

La

La scène de Constance & de Dorval au quatriéme Acte du Fils naturel, celle du Curé & de Faublas dans la Religieuse sont trés belles dans le cabinet, elles feraient bâiller le parterre; elles sont faites pour les méditations du sage, & non pour les aplaudissemens du public.

C'est l'intérêt dont les Romanciers dramatiques se vantent qui est le plus souvent vuide & difficile dans leurs raisonneuses productions. On ne saurait trop recommander aux étrangers de se défier des traductions & de la lecture de ses pesantes conversations qu'on dirait dictées à leur dialogue lâche, trainant, & prolixe: cette malheureuse habitude de philosopher sur le théâtre, & de couper en Scènes l'Abbé Prevost, fait la perte du talent: échapé du collége, un écolier charpente une intrigue, se met sur les rangs, & néglige l'art des Regnard & des Racine pour faire aplaudir des avantures sans style. Il n'est pas un littérateur qui doive regarder de sang froid cet horrible abus, & ne pas arrêter les progrès d'une triste manie qui ne substitue que des monstres sans phisionomie au Misantrope & à Zayre.

Nous sommes loin de l'injustice des esprits durs qui blament tout dans le comique larmoyant; il a des situations, des mots, des cris, des discours même de cette verité pathétique qui remue les entrailles: c'est tout le *Père de famille;* dans *Eugénie*, cet *otez vous de mes yeux vous m'avez rendu le plus malheureux des hommes*, que dit à sa fille en la repoussant le pére attendri & irrité; dans le *Fabri-*
*quant*

*quant de Londres* drame dont il faudrait couper le 5me Acte, Vilfon payant fes Ouvriers du collier de fa petite fille en leur difant, *O mes Amis voilà tout ce qui me reste! &c.* mais faut il acheter quelques pleurs par des Actes d'ennui & de longueurs ?

Il n'eft perfonne que le Drame de *l'honnête criminel* ait intéreffé autant que la fimplicité de l'hiftoire du Héros. Il a fait verfer des larmes, oui, & l'auteur de l'Almanach a eû ce mérite comme Mr. de Falbaire. Celui ci a trouvé cependant que tout l'avantage de la Tragédie fur fa pièce eft dans celui du cafque d'un héros fur le bonnet rouge de fon galérien: il n'a pas fenti que fi fon galérien n'avait pas été un héros fon bonnet rouge lui devenait inutile, que des caractères reffortiffants faits pour influer fur la deftinée des fociétés, de grandes paffions dans des hommes élevés, l'éloquence du difcours, la grandeur d'ame, la fierté, les bravades, fout de tout autre motifs que des épifodes romanesques dont le dénoüement dédommage quelquefois des plus inconcevables pauvretés.

Qu'on fubftitue à Mérope une Marchande de Paris, & fi elle n'eft renvoyée dans fa boutique, je confens d'aller pleurer à Clariffe.

Page 99. (24) Depuis Warwich & Zelmire on n'a pas fait de tragédies, & il n'en reparaîtra vraifemblablement que de la force d'Argillan ou de Fayel. Les coups de théâtre, les machines, les rimes Suiffes, & la verfification hériffée de Mr. le Mierre font des rofes bâtardes beaucoup plus pâles que

que celles de Mr. du BELLOY, excellent rhèteur, philofophe fenfible, qui fournit tout à Melpomène excepté des vers.

Quand au milieu des rebuts de la fcène, de ces avortons fans génie qui trainent leurs pas languiffans fur les traces des Tragiques, Mr. de V. donne une pièce nouvelle, c'eft Caton qui parait au milieu d'une troupe de filles de joye.

Page 99. (25) On ne devine pas aifement pourquoi on fait aujourdhui chauffer le cothurne à l'opéra bouffon. Il y a une efpece de conjuration dans la littérature pour donner le *fpleen* aux Français. Quel mal avons nous fait à ces Meffieurs pour nous enlever les reftes de notre gaïté & faire pleurer le Ruette & Préville. O le Sage! O Vadé! que diriez vous de la métamorphofe des Italiens? Il me femble que la Police devrait arrêter les progrès de cette mélancolie dramatique qui atrifte la nation, & fait tant de parleurs de fentiment: les fpectacles influent trop fur les mœurs d'un peuple fléxible & tendre, pour qu'on voye avec indifférence des Français affez indécens pour nous traveftir en Anglais ou en moines de la Trappe.

Heureufement notre imagination n'eft pas encôre entièrement pervertie, & le comique plait encore; le froid Opéra du Déferteur ferait tombé fans l'equivoque du Géolier qui prend le Dragon Montauciel pour l'exclamation *O Ciel!* & qui l'amene fur la fcène: cette tranfition n'était pas connue encore, & Mr. Sédaine eft varié même, car il n'y a guères de
reffem-

ressemblance entre les récitatifs léthargiques d'Alexis, & les *Sabots*.

De ce mépris du genre sérieux il ne suit pas que l'Opéra Bouffon soit un genre, & que les plates farces que Philidor a fait réussir soyent suportables, ce n'est pas que nous préférions Mrs Quétant & Taconet, *entrepreneur des spectacles forains* à Mr. MARMONTEL, mais ne serait-il pas possible de ramener Rose & Colas, & à la place de nos lamentations lyriques des ariettes comme *sans chien & sans houlette* &c.

## Errata.

Page 38. Souvent détestés — toujours infortunés, *lisez*, toujours détestés, — souvent infortunés.

57. Lacedémoniens invincibles. *lisez* Athéniens invincibles.

1. 10

fait p.
l'hon.
M.

www.ingramcontent.com/pod-product-compliance
Lightning Source LLC
Chambersburg PA
CBHW060143100426

42744CB00007B/884